W0203262

Les recettes ont été rédigées par Blandine AVERILL.

Les photographies sont de SAEP/Jean-Luc SYREN et Valérie WALTER *sous la direction artistique* de Jean-Luc SYREN.

Les plats ont été préparés par SAEP/Jean-François CAMPAGNE.

La mise en page et le graphisme sont de Valérie RENAUD.

La coordination a été assurée par SAEP/Éric ZIPPER.

Composition et photogravure : SAEP/Arts Graphiques.

Impression : Union Européenne.

Conception : SAEP CRÉATION
68040 INGERSHEIM - COLMAR

Verrines

recettes salées

ÉDITIONS S.A.E.P. 68040 INGERSHEIM - COLMAR

SIGNIFICATION DES SYMBOLES ACCOMPAGNANT LES RECETTES

◎	!	€
X PERS.	DIFFICULTÉ	COÛT

introduction

o Qu'ils soient confectionnés pour un repas festif l'été sous un parasol, pour les fêtes de fin d'année ou bien encore pour un moment entre amoureux, ces petits plats que l'on sert dans des verres sont toujours là pour célébrer les moments agréables, ceux dont on a envie de se souvenir.

o L'engouement qu'ils ont suscité ces dernières années se comprend aisément : l'aspect visuel attise l'appétit et le désir de déguster. En se montrant, par transparence, dans des verres dont la forme variera au fil des envies, les soupes fraîches, les mousses, les salades, les dips, les tapas ou bien encore les tartares et les carpaccios s'offrent d'abord à la vue de vos invités. De quoi mettre l'eau à la bouche...
Mais il ne s'agit pas là que de beaux plats, les promesses de régal seront tenues grâce à la fraîcheur des produits, à leur variété et à leur agencement.

o En présentant les plats dans des verres, c'est à une personne en particulier que vous vous adressez. L'attention est portée non plus vers une tablée mais vers une personne, et cette délicate attention donne au verre – et à son précieux contenu – une autre dimension. Qui vous empêche, même, de faire des verrines différentes en fonction des personnes ? Si le travail impliqué dans la confection de plusieurs verrines vous semble dissuasif, vous pouvez toujours jouer sur la présentation du verre en en personnalisant la décoration.

DES LÉGUMES ET DES HERBES

o Pour les légumes et les fruits, préférez ceux de saison. Qu'on ne s'y trompe pas, si on trouve des tomates toute l'année, seules les tomates qu'on achète l'été ont réellement du goût, il en est de même pour tous les fruits et légumes. La plupart des recettes étant faites à partir de légumes crus, on attend de ces derniers toute leur saveur. Les saisons et les légumes que chacune d'elles apporte participeront donc activement à la qualité de vos plats.

o Ainsi, au printemps, vous trouverez des asperges, des artichauts, des radis, des navets, des carottes et des épinards. L'été, il y a encore des asperges, des artichauts, des carottes et des épinards, auxquels viennent se joindre les salades, les concombres, les aubergines, les courgettes, les poivrons et les tomates.

o À l'automne, vous trouverez des épinards, des poivrons, des châtaignes, des figues et des noix. L'hiver, enfin, toujours des épinards et, bien sûr, les oranges.

o Les herbes jouent également un rôle important dans la confection des verrines. Pour les conserver, un sac en plastique dans le réfrigérateur est souvent la meilleure solution. On les utilise aussi bien dans les préparations de mousse ou de salade que pour les marinades.

• L'aneth, herbe privilégiée des marinades de saumon ou de hareng, est largement utilisé en Europe du Nord et de l'Est. L'aneth pousse de mai à septembre.

• Le basilic, élément essentiel du pesto, est souvent associé à la tomate et à la mozzarella, qu'il complète à merveille. Il est indéniablement meilleur frais que lorsqu'il est séché.

• La ciboulette, qu'on trouve plus difficilement l'hiver, se cisèle facilement avec des ciseaux. On peut aussi utiliser sa fleur, qui est comestible et se trouve en juin et en juillet.

• On peut acheter la menthe fraîche ou séchée. Elle pousse sans aucune difficulté à l'état sauvage. On l'utilise dans les taboulés et autres préparations orientales.

• Le romarin a un goût piquant et parfumé, on l'utilise surtout avec les grillades de viande. Il fait partie du mélange des « herbes de Provence ».

• La coriandre se trouve fraîche ou en graines (qu'on peut utiliser telles quelles ou moulues). Fraîche, elle ressemble au persil plat et s'utilise d'ailleurs de la même façon. Son goût est cependant plus prononcé ou peut-être moins habituel pour des palais occidentaux.

DU CÔTÉ DES USTENSILES

o Très importants, le mixeur normal ou plongeur et le blender sont d'une inestimable aide pour la préparation de verrines. En effet, ils permettent de mêler les différents éléments des soupes ou des mousses. Quant au batteur électrique, c'est grâce à lui que l'on monte la crème liquide en crème fouettée, on l'utilise aussi souvent dans la confection des mousses.

o Les possibilités de présentation sont aussi nombreuses que les sortes de verres à votre disposition. En fonction du moment choisi, du thème d'une soirée ou d'un buffet, s'il y en a, vous opterez pour le verre à cocktail, le verre à eau ou le verre à whisky.

o Les verres à cognac ou les verres à vin demandent une certaine délicatesse. Les verres à cocktail, à Martini, grâce à leur bord évasé, seront plus facile à utiliser. Les verres à liqueur, à vodka ou ceux utilisés pour le thé à la menthe seront idéaux pour des petites portions, tout particulièrement si vous décidez de proposer à vos invités une variété de plats. C'est aussi un moyen de se régaler tout en faisant attention à sa ligne...

o Les verres à whisky, chopes en verre et verres à eau se prêtent bien aux présentations de dips et de tapas mais aussi aux mousses, carpaccios et salades.

o Une tendance récente consiste même à présenter les plats dans des pots de confiture...

 COURGETTES AUX GRAINES DE MOUTARDE P. 12

Pour commencer

Soupes
Salades

LES SOUPES FROIDES

o Les soupes froides sont très tendance, surtout lorsqu'elles sont servies dans des verres. Intimement liés à la chaleur de l'été, ces mélanges de fraîcheur sont synonymes d'énergie retrouvée. Elles sont le pendant des soupes chaudes hivernales servies dans des bols.

o Une fois encore, les légumes se doivent d'être frais et savoureux pour donner aux soupes tous leurs arômes. Préférez le mixeur plongeur ou le blender, pour éviter les fuites qui ont parfois lieu avec de simples mixeurs.

o Les verres tumbler (verres de forme allongée) sont parfaits pour présenter les soupes même si, encore une fois, c'est à l'humeur du moment que vous pourrez laisser le choix du verre...

COURGETTES AUX GRAINES DE MOUTARDE

6-8 PERS. | **ÉLÉMENTAIRE** | **PEU COÛTEUSE**

Préparation : 45 min – Cuisson : 30 min

600 G DE COURGETTES / 2 CUIL. À SOUPE D'HUILE D'OLIVE / 2 GOUSSES D'AIL / 1 OIGNON / 1/2 CITRON / 1/2 CONCOMBRE / 1 BOUQUET DE MENTHE / 20 CL DE CRÈME FRAÎCHE / 1 CUIL. À CAFÉ DE GRAINES DE MOUTARDE / 1 L DE BOUILLON DE LÉGUMES / 2 CUIL. À SOUPE DE VINAIGRE BALSAMIQUE / SEL, POIVRE.

o Rincer les courgettes, les couper en deux et les badigeonner d'huile d'olive. Cuire 30 minutes au four à 210 °C (th. 7) en les retournant de temps à autre. Placer dans le four les gousses d'ail entières et l'oignon épluché coupé en deux, les sortir dès qu'ils sont rôtis.

o Presser le citron. Éplucher le concombre et rincer la menthe puis la ciseler (en garder quelques feuilles pour la décoration).

o Lorsque les courgettes sont cuites, les couper en morceaux et les laisser refroidir. Prélever la chair de l'ail.

o Mixer les courgettes, l'ail, l'oignon, la crème fraîche, les graines de moutarde, le jus de citron, le bouillon de légumes, le vinaigre, le concombre et la menthe.

o Saler et poivrer avant de servir dans des verres.

Accompagner de pain de campagne grillé.

COURGETTES AU YAOURT

6 PERS. | ÉLÉMENTAIRE | PEU COÛTEUSE

Préparation : 20 min – Cuisson : 20 min

2 GOUSSES D'AIL / 1 PETIT PIMENT ROUGE / 30 CL DE YAOURT GREC / 3 CUIL. À SOUPE D'HUILE D'OLIVE / 25 G DE MOUTARDE À L'ANCIENNE / 13 CL DE CRÈME FRAÎCHE / DEUX PINCÉES DE CUMIN MOULU / 10 CL DE BOUILLON DE LÉGUMES / 750 G DE COURGETTES / 1 AUBERGINE / 1 BOUQUET DE CIBOULETTE / 1 CUIL. À CAFÉ DE PAPRIKA / 1 CITRON NON TRAITÉ / SEL, POIVRE.

o Peler l'ail, en ôter le germe et le couper en quelques morceaux. Équeuter et épépiner le piment et le couper en rondelles. Mixer l'ail, le piment, le yaourt, l'huile d'olive, la moutarde, la crème fraîche, le cumin et le bouillon de légumes. Saler et poivrer. Réserver au réfrigérateur.

o Rincer les courgettes, l'aubergine, les couper en deux et les placer dans le four après les avoir badigeonnées d'huile. Les faire griller 20 minutes environ au four à 210 °C (th. 7) en les retournant à mi-cuisson. Les couper en dés puis laisser refroidir. Rincer et ciseler la ciboulette. Rincer le citron et en prélever le zeste.

o Répartir les dés de courgette et d'aubergine dans 6 verres et couvrir du yaourt.

o Parsemer de ciboulette, de paprika et de zeste de citron.

FRAÎCHEUR DE CONCOMBRE À L'ANETH

8 PERS. | FACILE | PEU COÛTEUSE

Préparation : 15 min – Cuisson : 25 min

1 TÊTE D'AIL / 5 CL D'HUILE D'OLIVE / 2 CONCOMBRES / 1 CUIL. À CAFÉ DE GRAINES DE MOUTARDE / 1 CUIL. À SOUPE DE JUS DE CITRON / 15 CL DE CRÈME FRAÎCHE LIQUIDE / 30 CL DE YAOURT GREC / 1 CUIL. À SOUPE DE VINAIGRE BALSAMIQUE / 1 L DE BOUILLON DE LÉGUMES / 2 BRINS D'ANETH / SEL, POIVRE.

o Placer la tête d'ail, avec quelques gouttes d'huile d'olive, dans du papier d'aluminium et la faire chauffer au four à 210 °C (th. 7) pendant 25 minutes. Une fois cuite, prélever 2 cuillerées à café de purée d'ail dans les gousses.

o Éplucher les concombres, les couper en deux et les épépiner. Couper l'un des concombres en petits dés et l'autre en plus gros tronçons. Mixer les tronçons de concombre avec l'huile d'olive, les graines de moutarde, le jus de citron, la crème, le yaourt, le vinaigre balsamique, l'ail et le bouillon de légumes. Saler et poivrer. Ajouter les dés de concombre.

o Garder au frais avant de servir dans des verres en parsemant l'aneth préalablement rincé et ciselé.

GASPACHO

4 PERS. | FACILE | PEU COÛTEUSE

Préparation : 30 min

8 TOMATES EN GRAPPE / 1 CONCOMBRE / 2 OIGNONS FRAIS / 1 GOUSSE D'AIL / 1/2 PIMENT VERT / 4 CUIL. À SOUPE D'HUILE D'OLIVE / 2 CUIL. À SOUPE DE VINAIGRE DE VIN BLANC / SEL, POIVRE.
POUR LA DÉCORATION : PIMENTS AU VINAIGRE / 1 TRANCHE ÉPAISSE DE JAMBON DE PAYS / OLIVES NOIRES.

o Rincer les tomates, les couper en quatre et en ôter le pédoncule. Éplucher le concombre, le couper en gros morceaux. Peler les oignons et l'ail et les émincer.

o Épépiner le piment vert et le couper en fines rondelles.

o Passer au mixeur les tomates, le concombre, les oignons, l'ail et le piment. Ajouter l'huile d'olive et le vinaigre puis 75 cl d'eau. Saler et poivrer. Ajuster l'assaisonnement et placer au réfrigérateur.

o Verser dans 4 verres. Sur des petits pics en bois, piquer les piments au vinaigre en accordéon en alternant entre les plis du piment des petits cubes de jambon de pays et 1 olive au bout. Poser sur le bord des verres.

GASPACHO AU YAOURT

6 PERS. | FACILE | PEU COÛTEUSE

Préparation : 25 min

800 G DE TOMATES / 1 PETIT CONCOMBRE / 1 POIVRON ROUGE / 1 POIVRON JAUNE / 3 OIGNONS FRAIS / 2 GOUSSES D'AIL / 4 BOUQUETS DE PERSIL / 6 OU 7 FEUILLES DE BASILIC / 3 BRANCHES DE CÉLERI / 6 YAOURTS BRASSÉS / SEL, POIVRE.

o Plonger les tomates dans de l'eau bouillante, les peler, en ôter les pédoncules et les couper en morceaux.

o Éplucher le concombre et le couper dans la longueur pour en enlever les pépins. Ôter les queues et les pépins des poivrons et les couper en petits dés. Peler les oignons et les émincer. Peler et presser l'ail. Rincer le persil et le basilic.

o Éplucher le céleri avec un couteau économe et le couper grossièrement en lamelles. Le passer au mixeur avec les tomates, le concombre, les oignons, l'ail, le yaourt, le persil et le basilic. Saler et poivrer. Garder au frais.

Servir dans des verres avec des gressins (p. 138) après avoir réparti les dés du poivron.

ASTUCE

Les tomates, qui sont à la base du gaspacho, doivent être particulièrement bonnes, et de leur saveur dépendra celui-ci. Servi en Espagne, le gazpacho est né en Andalousie, où il servait à lutter contre la chaleur.

GRANITÉ DE TOMATES

4 PERS. | ÉLÉMENTAIRE | PEU COÛTEUSE

Préparation : 15 min – Congélation : 4 h – Cuisson : 5 min

1 CITRON / 3 CUIL. À SOUPE DE SUCRE EN POUDRE / 1 KG DE TOMATES EN GRAPPE / 5 CL D'HUILE D'OLIVE / 2 CUIL. À SOUPE DE BASILIC CISELÉ / 1 CUIL. À SOUPE DE CONCENTRÉ DE TOMATES / SEL DE CÉLERI / TABASCO / SEL, POIVRE.
POUR LA DÉCORATION : **JAMBON DE PARME / OLIVES.**

o Presser le citron. Dans une casserole à feu moyen, diluer le sucre dans le jus de citron additionné d'un verre d'eau et laisser refroidir. Plonger les tomates dans de l'eau bouillante puis les monder en les pelant et en les épépinant.
o Passer au mixeur les tomates, le jus de citron sucré, l'huile, le basilic et le concentré de tomates. Saler et poivrer.
o Disposer le tout dans un plat peu profond (sur une épaisseur de 4 cm au maximum) dans le congélateur.
o Pour obtenir des paillettes, racler les parties gelées avec une cuillère toutes les 30 minutes pendant 3 à 4 heures.
o Servir dans des verres avec du sel de céleri, du Tabasco et du jambon de Parme enfilé en accordéon sur un petit pic en bois surmonté de 1 olive.

MÂCHE GLACÉE

6 PERS. | FACILE | PEU COÛTEUSE

Préparation : 20 min – Repos : 1 h – Cuisson : 20 min

3 COURGETTES / 2 ÉCHALOTES / 300 G DE MÂCHE NANTAISE / 3 TOMATES / 3 BRINS DE PERSIL / 20 G DE BEURRE / 20 CL DE CRÈME FRAÎCHE / SEL, POIVRE.

o Éplucher les courgettes et les couper en rondelles. Peler les échalotes et les émincer.
o Laver la mâche et en couper les racines (réserver quelques feuilles pour la décoration). Rincer les tomates et les épépiner. Les couper en petits dés. Rincer le persil et le ciseler.
o Faire revenir les échalotes et les courgettes dans un faitout avec le beurre pendant 5 minutes à feu vif. Bien remuer, puis ajouter 1 l d'eau. Saler, poivrer et faire cuire, toujours à feu vif, 10 minutes. Ajouter la mâche aux courgettes et cuire 5 minutes supplémentaires.
o Passer le tout au mixeur avec la crème fraîche et le persil. Laisser refroidir 1 heure au réfrigérateur puis servir dans des verres avec des glaçons. Décorer avec les dés de tomate et quelques feuilles de mâche.

GRANITÉ DE TOMATES
MÂCHE GLACÉE

SOUPE D'AMANDE FRAÎCHE

4 PERS. | FACILE | PEU COÛTEUSE

Préparation : 15 min

3 GOUSSES D'AIL / 250 G D'AMANDES MONDÉES / 2 CUIL. À SOUPE DE VINAIGRE DE XÉRÈS / 6 CUIL. À SOUPE D'HUILE D'OLIVE / 100 G DE RAISINS MUSCAT / SEL, POIVRE.

○ Peler l'ail et en ôter les germes. Passer au mixeur l'ail, les amandes, le vinaigre et 50 cl d'eau. Une fois que le mélange est bien onctueux, ajouter l'huile d'olive petit à petit. Rectifier l'assaisonnement.

○ Rincer le raisin, couper les grains en deux et les épépiner.

○ Servir dans des verres en parsemant de raisins.

SOUPE D'AVOCAT GLACÉE

4 PERS. | FACILE | PEU COÛTEUSE

Préparation : 15 min

3 CITRONS VERTS / 4 BRINS DE PERSIL PLAT / 1 PETITE GOUSSE D'AIL / 3 AVOCATS / 2 CUIL. À CAFÉ D'HUILE D'OLIVE / 1 YAOURT NATURE VELOUTÉ / TABASCO / GRAINES DE SÉSAME / SEL, POIVRE.

○ Extraire le jus des citrons. Rincer le persil et le ciseler grossièrement. Peler l'ail, en retirer le germe et le presser. Ôter la peau et les noyaux des avocats et les mixer avec le jus de citron, l'ail, le persil, l'huile d'olive, le yaourt et 70 cl d'eau. Saler, poivrer et ajouter le Tabasco à volonté.

○ Ajouter des glaçons et parsemer de graines de sésame.

Servir avec des gressins (p. 138).

SOUPE D'AMANDE FRAÎCHE

SOUPE D'AVOCAT GLACÉE

SOUPE DE BETTERAVE AU GINGEMBRE

4 PERS. | FACILE | PEU COÛTEUSE

Préparation : 10 min

500 G DE BETTERAVES CUITES / 5 CM DE GINGEMBRE / 1 CITRON / 50 CL DE BOUILLON DE LÉGUMES / 4 CUIL. À SOUPE DE CRÈME FRAÎCHE / SEL, POIVRE DU MOULIN.

o Couper les betteraves en morceaux.
o Éplucher le gingembre et le râper. Presser le jus du citron. Passer au mixeur le gingembre, le jus de citron et le bouillon de légumes avec les betteraves. Saler.
o Servir dans des verres avec 1 cuillerée de crème fraîche, le tout parsemé de poivre grossièrement moulu.

CRÈME DE CHOU-FLEUR AU TOUTE-ÉPICE

6 PERS. | FACILE | PEU COÛTEUSE

Préparation : 10 min – Repos : 30 min – Cuisson : 18 min

600 G DE CHOU-FLEUR / 60 G DE BEURRE SALÉ / 90 CL DE LAIT ENTIER / TROIS PINCÉES DE NOIX DE MUSCADE / 5 CL DE CRÈME FRAÎCHE LIQUIDE / 1 CUIL. À CAFÉ DE TOUTE-ÉPICE / 1 CUIL. À CAFÉ DE CURCUMA / PAPRIKA / SEL, POIVRE.

o Séparer les bouquets du chou-fleur et les faire cuire 4 minutes dans l'eau bouillante. Les égoutter et les couper en tranches. Faire revenir ces tranches de chou-fleur dans une poêle avec le beurre, pendant 4 minutes environ, en les retournant. Lorsque les tranches sont bien dorées, ajouter le lait, la noix de muscade, du sel, du poivre et faire cuire à feu moyen pendant 10 minutes en remuant de temps à autre.
o Mixer ensuite le chou-fleur dans le lait et laisser refroidir au frais puis verser dans 6 verres.
o Battre la crème liquide avec le toute-épice et le curcuma jusqu'à obtention d'une crème fouettée. La répartir dans chaque verre et saupoudrer d'un peu de paprika.

SOUPE DE BETTERAVE AU GINGEMBRE

LES SALADES

Les salades, plus que tout autre plat, se prêtent à merveille à la présentation en verres. La variété des ingrédients, leur texture et leur couleur sauront éveiller l'appétit de vos convives.

o Veillez à ce que chaque élément soit coupé en morceaux suffisamment petits pour en faciliter la dégustation.
o Préférez les produits frais de saison et achetez-les au plus tard deux jours avant leur consommation. Rincez systématiquement tous les fruits et légumes sur lesquels les pesticides se déposent. Lavez-les juste avant de les utiliser plutôt qu'avant de les ranger car l'humidité ainsi créée favorise le pourrissement.
o Il est, bien entendu, préférable d'utiliser des produits bio car, s'ils sont plus onéreux, ils ont l'avantage de suivre les saisons des fruits et des légumes.
o L'assaisonnement, qu'il soit traditionnel (huile, vinaigre, sel, poivre et éventuellement moutarde) ou plus exotique (en utilisant des produits comme le soja, le sucre de palme, la sauce de poisson, etc.), doit être versé au dernier moment, surtout s'il y a dans la composition de la salade verte.

o LES HUILES : elles peuvent être utilisées seules ou en combinaison avec d'autres huiles.
- L'huile d'olive : préférez l'huile d'olive vierge extra. Il faut consommer l'huile d'olive dans les deux ans, car elle s'altère rapidement. Il faut la conserver à l'abri de la chaleur, de la lumière et de l'air.
- L'huile d'argan a un goût fort et sauvage et a récemment fait son apparition dans la cuisine européenne grâce aux grands chefs qu'elle a inspirés.
- L'huile de noisette est douce et légèrement parfumée.
- L'huile de noix est à la fois sucrée et amère. Elle se conserve dans la porte du réfrigérateur.
- L'huile de pépins de raisin est neutre et se marie par conséquent bien avec les autres huiles.
- L'huile de sésame, associée à de la sauce de soja ou à du vinaigre de riz, apporte une touche orientale à la salade.

o Il existe également plusieurs sortes de VINAIGRES : vinaigre de vin rouge ou de vin blanc, vinaigre de xérès, etc.
o À l'inverse des autres vinaigres, qui proviennent d'une dégradation du vin, le vinaigre balsamique est tiré directement du jus de raisin.

o L'assaisonnement peut aussi se faire avec des PRODUITS plus EXOTIQUES.
- La sauce de soja : très salée, le plus souvent foncée, elle se conserve indéfiniment à température ambiante.
- Le sucre de palmier : on le trouve sous forme de beurre ou de pain solide à émietter.
- La sauce de poisson : elle permet de saler et de rehausser le goût de certains aliments.
- Le gingembre : c'est une racine dont on épluche la peau beige pour ensuite la râper ou la couper en fines lamelles.

CREVETTES À LA VANILLE

4 PERS. | FACILE | RAISONNABLE

Préparation : 15 min – Cuisson : 20 min

28 CREVETTES CRUES / 2 CUIL. À SOUPE D'HUILE / 15 CL DE VIEUX RHUM / 1 GOUSSE DE VANILLE / 40 CL DE CRÈME DE COCO / 1 BOUQUET DE CORIANDRE / 1/4 D'ANANAS / 1 CUIL. À SOUPE DE SAUCE DE POISSON / SEL, POIVRE.

o Éplucher les crevettes en gardant les queues. Faire frire à feu vif dans l'huile, sans cesser de remuer, pendant 3 à 4 minutes.

o Réserver les crevettes en dehors du feu et ajouter le rhum et les graines de la gousse de vanille obtenues en ouvrant celle-ci et en la grattant. Après 2 minutes, ajouter la crème de coco et cuire à feu moyen jusqu'à ce que le tout réduise de moitié. Rectifier l'assaisonnement.

o Replacer les crevettes dans la poêle et les faire cuire 5 minutes supplémentaires.

o Rincer la coriandre et la ciseler. Couper l'ananas en fines lamelles et mélanger celles-ci à la sauce de poisson et à la coriandre. Répartir l'ananas dans les verres et y placer les crevettes.

QUINOA AUX CREVETTES

6 PERS. | DIFFICILE | RAISONNABLE

Préparation : 25 min – Cuisson : 15 min – Marinade : 1 h

3 CITRONS VERTS / 1 PETIT PIMENT ROUGE / 2 FEUILLES DE CITRONNIER / 200 G DE CREVETTES CUITES / 250 G DE GRAINES DE QUINOA / 1 BÂTON DE CITRONNELLE / 1 PETIT OIGNON ROUGE / 3 CM DE GINGEMBRE / 1 BOUQUET DE CORIANDRE / 3 CUIL. À SOUPE D'HUILE D'OLIVE / 2 CUIL. À CAFÉ DE SAUCE DE SOJA / 1 CUIL. À CAFÉ DE SAUCE DE POISSON.

o Presser le jus de 2 citrons. Couper en fines lanières le piment après l'avoir épépiné. Rincer les feuilles de citronnier et les couper en fines lanières.

o Décortiquer les crevettes et les faire mariner, au réfrigérateur, 1 heure avec la moitié du jus de citron, les feuilles de citronnier et le piment.

o Faire cuire les graines de quinoa dans deux fois leur volume d'eau jusqu'à ce qu'il ne reste plus d'eau (environ 15 minutes).

o Ôter les feuilles supérieures de la citronnelle, en couper les extrémités et les débiter en fines rondelles. Peler l'oignon et le couper en petits dés. Éplucher le gingembre et le râper. Rincer le bouquet de coriandre et le ciseler.

o Placer le quinoa dans un saladier et le laisser refroidir.

o Dans un bol, mélanger l'huile d'olive, la sauce de soja, le reste du jus de citron, la citronnelle, la sauce de poisson et le gingembre.

o Répartir dans les verres la coriandre mélangée à l'oignon.

o Verser un tiers de la sauce sur la coriandre dans les verres puis mélanger le reste avec le quinoa avant de répartir celui-ci dans les verres. Placer enfin les crevettes marinées sur le quinoa.

o Décorer avec 1 rondelle de citron vert.

SAUMON PRINTANIER

6 PERS. | FACILE | RAISONNABLE

Préparation : 15 min – Cuisson : 23 min

2 BOTTES D'ASPERGES / 600 G DE FILET DE SAUMON / 3 CUIL. À SOUPE D'HUILE D'OLIVE / 1 BOUQUET DE CIBOULETTE / 25 CL DE CRÈME FRAÎCHE LIQUIDE / 2 CUIL. À SOUPE DE RAIFORT / 12 RADIS / 200 G DE ROQUETTE / SEL, POIVRE FRAÎCHEMENT MOULU.

o Cuire les asperges à la vapeur pendant 13 minutes.

o Badigeonner les filets de saumon d'huile puis les faire griller 4 à 5 minutes de chaque côté dans une poêle. Saler et poivrer.

o Laisser refroidir puis en émietter la chair.

o Rincer et ciseler la ciboulette. La mélanger à la crème et au raifort puis saler et poivrer.

o Couper les asperges pour n'en garder que les têtes.

o Couper les fanes et les racines des radis. Les rincer puis les couper en fines lamelles.

o Rincer la roquette. La mélanger avec les radis, le saumon et les asperges. Répartir dans de grands verres et couvrir de la sauce au raifort.

SURIMI À L'ANANAS ET AUX AVOCATS

4 PERS. | FACILE | RAISONNABLE

Préparation : 20 min

1 ANANAS / 1 BOUQUET DE CIBOULETTE / 4 CUIL. À SOUPE D'HUILE D'OLIVE / 2 CUIL. À SOUPE DE VINAIGRE DE VIN BLANC / 1/2 CUIL. À CAFÉ DE SUCRE DE PALME / UNE PINCÉE DE PIMENT DE CAYENNE / 600 G DE SURIMI / 1 CITRON / 2 AVOCATS / POIVRE.

o Éplucher l'ananas en enlevant les yeux à l'aide d'un petit couteau. Le couper en deux dans la longueur et en ôter le cœur. En mixer une moitié afin d'en récupérer le jus. Couper l'autre moitié en petits dés et les répartir dans les verres. Rincer la ciboulette et la ciseler.

o Dans un bol, mélanger l'huile d'olive, le vinaigre, le sucre de palme, le piment, la ciboulette et l'ananas mixé.

o Couper le surimi en rondelles et le répartir sur l'ananas.

o Presser le citron. Peler les avocats et en ôter les noyaux. Les couper en dés et les mélanger au jus de citron. Poivrer puis répartir dans les verres et couvrir de la sauce.

DÉS DE THON AUX GRAINES DE FENOUIL

4 PERS. | FACILE | RAISONNABLE

Préparation : 15 min – Marinade : 30 min – Cuisson : 30 min

1 BULBE DE FENOUIL / 3 CM DE GINGEMBRE / 1 GOUSSE D'AIL / 400 G DE PAVÉ DE THON ROUGE / 2 CUIL. À SOUPE DE SAUCE DE SOJA / 3 CUIL. À SOUPE D'HUILE D'OLIVE / 1 CUIL. À SOUPE DE GRAINES DE FENOUIL / 3 BRINS DE CORIANDRE / SEL, POIVRE.

o Rincer le fenouil, le couper en quatre dans la hauteur et en ôter les feuilles centrales en prenant garde à ce que les autres feuilles restent solidaires. Cuire le bulbe de fenouil à la vapeur 20 minutes et laisser refroidir. Éplucher et râper le gingembre. Peler et presser la gousse d'ail.

o Couper le thon en petits cubes. Mélanger avec la sauce de soja, 1 cuillerée d'huile, l'ail, le gingembre et les graines de fenouil. Laisser mariner pendant 30 minutes.

o Sur du papier sulfurisé, placer les dés de thon, saler et poivrer. Faire cuire 5 à 10 minutes (en fonction de leur taille) dans le four à 240 °C (th. 8).

o Dans 4 verres, disposer les feuilles de fenouil et y répartir les dés de thon.

o Décorer avec la coriandre.

ŒUFS DE CAILLE ET TOMATES CONFITES

4 PERS. | FACILE | RAISONNABLE

Préparation : 10 min – Repos : 6 h – Cuisson : 5 min

2 CITRONS / 40 G DE FILETS D'ANCHOIS FRAIS / 1 GROSSE TOMATE / HUILE D'OLIVE / ORIGAN / PIMENTS DE CAYENNE / 4 ŒUFS DE CAILLE / 1 ŒUF DE POULE DUR / SEL, POIVRE.

○ Presser les citrons. Dans une assiette, répartir les filets d'anchois et les couvrir du jus de citron. Garder au frais pendant 4 à 6 heures.

○ Faire cuire la tomate entière au four à 210 °C (th. 7) pendant 15 minutes environ en la couvrant d'huile, d'origan et de piment. Elle doit être encore assez ferme pour pouvoir être coupée en rondelles.

○ Faire bouillir de l'eau dans une casserole avec un peu de vinaigre et y pocher les œufs de caille.

○ Couper la tomate confite et l'œuf dur en rondelles et les disposer dans 4 verres. Saler et poivrer légèrement. Répartir les filets d'anchois puis couvrir de 1 œuf de caille poché.

DÉLICE DE POULET AU CURRY

6 PERS. | FACILE | RAISONNABLE

Préparation : 20 min

1 POULET CUIT / 1 JAUNE D'ŒUF / 1 CUIL. À SOUPE DE MOUTARDE FORTE / 10 CL D'HUILE DE TOURNESOL / 2 OU 3 OIGNONS FRAIS / 15 CL DE CRÈME FRAÎCHE LIQUIDE / 1/2 CUIL. À CAFÉ DE MOUTARDE À L'ANCIENNE / 1 CUIL. À SOUPE DE POUDRE DE CURRY / 2 CUIL. À SOUPE DE CONFITURE D'ABRICOTS / 1 CITRON / 2 AVOCATS / QUELQUES PIGNONS DE PIN / SEL, POIVRE.

○ Couper le poulet en dés.

○ Dans un bol, mélanger au batteur ou à la main le jaune d'œuf, la moutarde forte et un peu d'huile. Saler et poivrer. Ajouter le reste de l'huile petit à petit. Réserver cette mayonnaise.

○ Peler les oignons et les couper en fines lamelles.

○ Dans un bol, mélanger la mayonnaise, la crème fraîche, la moutarde à l'ancienne, le curry et la confiture d'abricots. Saler et poivrer.

○ Presser le citron. Peler et ôter le noyau des avocats et les couper en dés, les répartir dans 6 verres avec les oignons et le jus du citron. Disposer ensuite les morceaux de poulet et verser la sauce.

○ Décorer avec des pignons de pin.

MAGRET AUX POIRES

6 PERS. | FACILE | CHÈRE

Préparation : 20 min

4 CUIL. À SOUPE D'HUILE D'OLIVE / 2 CUIL. À SOUPE DE VINAIGRE BALSAMIQUE / 1 CUIL. À SOUPE DE RAISINS SECS / 1 CITRON / 2 POIRES / 200 G DE ROQUETTE / 10 NOIX / 20 G DE ROQUEFORT / 300 G DE MAGRET FUMÉ EN TRANCHES / SEL, POIVRE.

o Dans un saladier, bien mélanger l'huile, le vinaigre, une pincée de sel et deux de poivre. Ajouter les raisins, réserver.

o Presser le citron.

o Éplucher les poires et les couper en dés. Les garder dans un bol après les avoir mélangées au jus de citron.

o Rincer la roquette et la couper dans la longueur en trois. Casser les noix et en sortir les cerneaux puis les écraser. Émietter le roquefort et le répartir dans les 6 verres. Couvrir de roquette puis des poires.

o Verser la vinaigrette et les raisins dans les verres puis répartir les magrets et parsemer de noix.

CANARD ÉPICÉ

6 PERS. | FACILE | CHÈRE

Préparation : 15 min

1 CITRON VERT / 1/2 CUIL. À CAFÉ DE PIMENT EN POUDRE / 2 CUIL. À SOUPE DE SAUCE DE POISSON / 2 CUIL. À CAFÉ DE SUCRE DE PALME / 1 BOUQUET DE CORIANDRE / 1 BOUQUET DE MENTHE / 4 CM DE GINGEMBRE / 1 OIGNON ROUGE / 1 CANARD RÔTI / 100 G DE CŒUR DE LAITUE / 80 G DE NOIX DE CAJOU.

o Presser le jus du citron vert. Le mélanger avec le piment, la sauce de poisson et le sucre de palme.

o Rincer la coriandre et la menthe. Les ciseler. Éplucher le gingembre et le couper en petites lamelles. Peler l'oignon et le couper en petits dés.

o Couper la chair du canard en petits cubes. Rincer les cœurs de laitue si nécessaire et les répartir dans 6 verres. Mélanger les cubes de canard avec la menthe, la coriandre, l'oignon, le gingembre et les noix de cajou.

o Les répartir dans les verres et y verser la sauce.

ASTUCE

Le sucre de palme se trouve dans les magasins asiatiques. Originairement extrait des palmiers à sucre, il provient maintenant principalement des cocotiers. Il est très utilisé dans la cuisine thaïlandaise et peut, éventuellement, être remplacé par du sucre roux.

PORC À LA MANGUE CARAMÉLISÉE

4 PERS. | FACILE | RAISONNABLE

Préparation : 25 min – Cuisson : 40 min

3 OIGNONS FRAIS / 600 G DE RÔTI DE PORC / 4 CUIL. À SOUPE D'HUILE / 1 CUIL. À CAFÉ DE THYM / 2 MANGUES / 2 CUIL. À SOUPE DE CASSONADE / 20 CL DE VINAIGRE BALSAMIQUE / SEL, POIVRE.

o Peler les oignons et les couper en fines lamelles. Couper le rôti en petits cubes et les faire revenir dans la moitié de l'huile pendant 5 minutes, sans cesser de remuer.

o Ajouter les oignons et le thym. Saler et poivrer. Ajouter un demi-verre d'eau, baisser le feu et laisser mijoter pendant 30 minutes.

o Éplucher les mangues et les couper en petits dés. Les faire revenir dans le reste d'huile et saupoudrer de cassonade. Remuer doucement et, lorsque les mangues commencent à caraméliser, verser le vinaigre balsamique. Remuer délicatement jusqu'à évaporation du vinaigre.

o Laisser refroidir. Répartir la mangue puis les dés de porc dans 4 verres.

FIGUES AU JAMBON SERRANO

4 PERS. | FACILE | CHÈRE

Préparation : 10 min

2 CUIL. À SOUPE D'HUILE DE NOIX / 1 CUIL. À SOUPE DE VINAIGRE BALSAMIQUE / 1 CUIL. À CAFÉ D'ORIGAN / 12 TOMATES CONFITES / 150 G DE FROMAGE FRAIS / 12 TRANCHES DE JAMBON SERRANO / 8 FIGUES / SEL, POIVRE.

o Dans un bol, mélanger l'huile, le vinaigre et l'origan. Saler et poivrer.

o Couper les tomates confites en petits dés et les répartir dans 4 verres. Faire de même avec le fromage frais puis verser la sauce.

o Couper le jambon en lamelles et le disposer sur le fromage.

o Rincer les figues et les essuyer. En couper la moitié en lamelles et les disposer sur le jambon. Ouvrir les 4 figues restantes en les coupant dans la hauteur tout en gardant la base attachée.

o Décorer les verres avec ces figues.

ASTUCE

Le jambon Serrano désigne les jambons espagnols séchés qui sont obtenus à partir de porcs à peau blanche.

ORANGES À LA MAROCAINE

6 PERS. | FACILE | PEU COÛTEUSE

Préparation : 20 min – Repos : 1 h

5 ORANGES / 1 OIGNON ROUGE / 1 BULBE DE FENOUIL / 3 BRINS DE MENTHE / 3 BRINS DE CORIANDRE / 1 CITRON / 90 G D'OLIVES NOIRES DÉNOYAUTÉES / 4 CUIL. À SOUPE D'HUILE D'OLIVE / TROIS PINCÉES DE CORIANDRE EN POUDRE / 1/2 CUIL. À CAFÉ D'EAU DE FLEUR D'ORANGER / SEL, POIVRE.

o Éplucher les oranges à vif et couper les quartiers en 4 morceaux. Peler l'oignon et le couper en petits dés. Rincer le bulbe de fenouil et le couper en fines lamelles. Couper les brindilles vertes du toupet (les conserver pour la décoration). Rincer la menthe et la coriandre et les ciseler. Presser le citron.

o Dans un saladier, mélanger les oranges avec l'oignon, les olives, le fenouil, la menthe et la coriandre.

o Par ailleurs, dans un bol, faire la vinaigrette avec l'huile d'olive, le jus de citron, la coriandre en poudre, du sel et du poivre.

o Ajouter la vinaigrette à la salade et bien mélanger.

o Laisser macérer pendant 1 heure environ.

o Ôter ensuite le jus du saladier et répartir la salade dans les verres en parfumant à l'eau de fleur d'oranger. Décorer avec quelques brins du toupet du fenouil.

TABOULÉ LIBANAIS

4 PERS. | FACILE | PEU COÛTEUSE

Préparation : 45 min – Repos : 30 min

90 G DE BOULGOUR FIN / 2 CITRONS / 3 BOUQUETS DE PERSIL / 1 BOUQUET DE MENTHE / 2 OIGNONS FRAIS / 4 TOMATES MOYENNES / 6 CUIL. À SOUPE D'HUILE D'OLIVE / SEL, POIVRE.

o Passer le boulgour à l'eau pour bien le rincer. Presser les citrons. En mélanger le jus au boulgour avec 1 verre d'eau et laisser gonfler 30 minutes.

o Laver les bouquets de persil et de menthe et les couper très finement (couper toute la botte ensemble). Peler les oignons et les hacher finement. Rincer les tomates et les couper finement. Mélanger les tomates aux oignons, au persil, à la menthe et au boulgour essoré à la main.

o Ajouter l'huile d'olive. Saler et poivrer.

Servir avec des feuilles de vigne en leur donnant la forme de cornet pour y déguster le taboulé.

ASTUCE

On trouve des feuilles de vigne dans les épiceries grecques.

ORANGES À LA MAROCAINE
TABOULÉ LIBANAIS

MAÏS À LA MEXICAINE

4 PERS. | FACILE | PEU COÛTEUSE

Préparation : 20 min – Repos : 12 h – Cuisson : 1 h

100 G DE HARICOTS ROUGES / 280 G DE MAÏS EN BOÎTE / 1 PETIT OIGNON ROUGE / 1 POIVRON ROUGE / 40 G DE TOMATES CONFITES / 2 BRANCHES DE CÉLERI / 4 BRINS DE CORIANDRE / 2 PETITS PIMENTS ROUGES / 2 CITRONS VERTS / 4 CUIL. À SOUPE D'HUILE D'OLIVE / SEL, POIVRE.

o La veille, faire tremper les haricots dans un saladier d'eau.

o Le jour même, les faire cuire 1 heure dans de l'eau bouillante.

o Égoutter le maïs. Éplucher l'oignon et le couper en petits dés. Rincer le poivron, l'épépiner et le couper en petits cubes. Couper les tomates confites en petites lanières. Rincer les branches de céleri et les couper en fines lamelles. Rincer la coriandre et la ciseler. Rincer et épépiner les piments rouges, les couper en fines lamelles. Presser les citrons verts. Égoutter les haricots rouges.

o Dans un bol, mélanger le jus des citrons, l'huile d'olive, la coriandre, l'oignon, les piments, un peu de sel et de poivre.

o Dans un saladier, rassembler les haricots rouges, le maïs, le poivron, les tomates confites et le céleri. Ajouter la sauce et répartir dans 4 verres.

Servir avec des tortillas de blé (p. 140).

MIMOSA SUR LIT DE CRESSON

4 PERS. | FACILE | RAISONNABLE

Préparation : 15 min – Cuisson : 10 min

6 ŒUFS + 1 JAUNE/ 1/2 BOUQUET DE CRESSON / 1 CUIL. À SOUPE DE MOUTARDE / 7 CL D'HUILE D'OLIVE / 1 CUIL. À SOUPE DE VINAIGRE DE VIN / SEL, POIVRE.

POUR LA DÉCORATION : OLIVES NOIRES.

o Faire cuire les 6 œufs durs. Raccourcir les tiges du cresson, ôter les feuilles jaunies et le rincer abondamment avant de le ciseler (en garder quelques feuilles pour la décoration).

o Placer dans un bol le jaune d'œuf, qui doit être à température ambiante. Ajouter la moutarde, 1 cuillerée d'huile, un peu de sel et de poivre et commencer à battre manuellement ou au batteur électrique. Ajouter peu à peu toute l'huile puis, une fois que la mayonnaise est montée, le vinaigre et enfin le cresson.

o Ôter les coquilles des œufs sous l'eau froide et les écraser à la fourchette.

o Dans 4 verres, répartir la mayonnaise au cresson et couvrir des œufs durs émiettés. Disposer des feuilles de cresson et des olives noires sur le dessus.

Servir avec des tranches de pain de mie grillées.

POUSSES D'ÉPINARD AU PARMESAN

6 PERS. | FACILE | RAISONNABLE

Préparation : 15 min – Cuisson : 4 min

3 ŒUFS / 500 G DE POUSSES D'ÉPINARD / 6 BRINS DE CIBOULETTE / 3 CUIL. À SOUPE D'HUILE / 2 CUIL. À SOUPE DE VINAIGRE BALSAMIQUE / 10 CERNEAUX DE NOIX / 100 G DE PARMESAN / SEL, POIVRE.

o Sortir les œufs du réfrigérateur pour qu'ils soient à température ambiante. Rincer les pousses d'épinard et en ôter les queues. Les couper en fines lanières. Rincer la ciboulette.

o Dans un bol, mélanger l'huile, le vinaigre, du sel et du poivre. Écraser les cerneaux de noix et les ajouter à la vinaigrette.

o Disposer dans 6 verres les épinards, verser la vinaigrette. Faire des copeaux avec le parmesan et les éparpiller sur les épinards.

o Dans une casserole, faire cuire 4 minutes, dans de l'eau bouillante, les œufs pour obtenir des œufs mollets.

o Les passer sous l'eau froide et en ôter délicatement la coquille. Les couper en deux en prenant garde à ne pas répandre le jaune, qui sera liquide. En poser une moitié dans chaque verre. Poivrer.

Servir avec du pain de mie grillé.

VERRES D'AUTOMNE

8 PERS. | FACILE | RAISONNABLE

Préparation : 30 min – Cuisson : 1 h

300 G DE POTIRON / 200 G DE CHÂTAIGNES / 200 G DE MESCLUN / 1 BOTTE DE CRESSON / 2 OIGNONS FRAIS / 4 CUIL. À SOUPE D'HUILE D'OLIVE / 2 CUIL. À SOUPE DE VINAIGRE BALSAMIQUE / 250 G DE FETA EN CUBES / SEL, POIVRE.

o Couper le potiron en 4 ou 5 parties, en ôter les pépins et faire cuire au four à 210 °C (th. 7) pendant 30 minutes (couvrir d'un papier d'aluminium s'il brunit trop).

o Inciser à l'aide d'un couteau les châtaignes et les placer dans le four à côté du potiron pendant environ 10 minutes.

o Lorsque l'écorce des châtaignes se soulève, les sortir du four et les éplucher encore chaudes.

o Dans une casserole d'eau salée, plonger les châtaignes et les faire cuire 30 minutes à feu moyen à partir de l'ébullition en les couvrant.

o Rincer le mesclun et la botte de cresson après en avoir coupé les tiges.

o Éplucher les oignons et les émincer.

o Ôter la peau du potiron cuit et le couper en cubes. Laisser refroidir avec les châtaignes.

o Dans un bol, faire la vinaigrette en mélangeant l'huile, le vinaigre avec les oignons émincés. Saler et poivrer.

o Placer dans chaque verre la feta puis le mesclun et le cresson surplombé de potiron et enfin les châtaignes. Verser la sauce.

Servir avec des chips de légumes *(p. 136).*

AUBERGINES ENSOLEILLÉES

6 PERS. | FACILE | RAISONNABLE

Préparation : 15 min – Repos : 10 min – Cuisson : 24 min

1 OIGNON / 2 GOUSSES D'AIL / 1 AUBERGINE / 800 G DE TOMATES / HUILE D'OLIVE / 1 CUIL. À SOUPE DE CÂPRES / 2 POIRES / 2 CUIL. À CAFÉ DE SUCRE EN POUDRE / 2 CUIL. À CAFÉ DE VINAIGRE BALSAMIQUE / 100 G DE CRESSON / 150 G DE FETA / 40 G DE PIGNONS DE PIN / SEL, POIVRE.

o Peler l'oignon et l'ail. Émincer l'oignon et presser l'ail.
o Rincer l'aubergine et la couper en petits dés. Plonger les tomates dans de l'eau bouillante et les peler, en ôter les pédoncules et les couper également en petits dés.
o Dans une poêle, faire revenir l'oignon et l'ail avec un peu d'huile pendant 3 minutes à feu vif en remuant constamment. Ajouter l'aubergine puis, 5 minutes plus tard, les tomates et les câpres. Saler et poivrer. Baisser le feu et laisser cuire 10 à 15 minutes.
o Pendant ce temps, éplucher les poires et les couper en dés.
o Laisser refroidir les aubergines et les tomates puis leur ajouter les poires, le sucre et le vinaigre. Réserver au réfrigérateur.
o Rincer le cresson et émietter la feta.
o Répartir le cresson dans les verres puis couvrir du mélange de tomates et d'aubergine. Recouvrir de feta et de pignons de pin.

LENTILLES DU PUY AUX ANCHOIS

4 PERS. | FACILE | PEU COÛTEUSE

Préparation : 10 min – Cuisson : 20 min

200 G DE LENTILLES VERTES DU PUY / 3 TOMATES EN GRAPPE / 200 G DE CŒURS DE PALMIER / 2 ÉCHALOTES / 4 FILETS D'ANCHOIS À L'HUILE / 3 CUIL. À SOUPE D'HUILE D'OLIVE / 2 CUIL. À SOUPE DE VINAIGRE DE XÉRÈS / 100 G DE ROQUETTE / SEL, POIVRE.

o Rincer les lentilles, les mettre dans une casserole d'eau froide et faire cuire 20 minutes à partir des premiers frémissements. Prendre garde à ce que l'eau soit frémissante sans bouillir à gros bouillons.
o Rincer les tomates, en ôter le pédoncule et les pépins puis les couper en petits dés.
o Couper les cœurs de palmier en rondelles. Peler les échalotes et les émincer. Égoutter les lentilles et les passer à l'eau froide.
o Couper les anchois en quatre et les mélanger aux échalotes, à l'huile et au vinaigre. Saler et poivrer.
o Rincer la roquette et la répartir dans les verres. Couvrir de lentilles puis de cœur de palmier. Verser la vinaigrette et parsemer de dés de tomate.

TOMATES CERISE CONFITES À LA RICOTTA

4 PERS. | FACILE | RAISONNABLE

Préparation : 10 min – Cuisson : 30 min

400 G DE TOMATES CERISE EN BRANCHE / 17 CL D'HUILE D'OLIVE / 1 CUIL. À CAFÉ DE SUCRE EN POUDRE / 1 GOUSSE D'AIL / 30 G D'ANCHOIS (+ 4 ANCHOIS POUR LA DÉCORATION) / 50 G DE CÂPRES / 300 G D'OLIVES NOIRES / 1 PETIT BOUQUET DE BASILIC / 300 G DE RICOTTA / SEL, POIVRE.

o Placer les tomates cerise au four. Asperger d'un peu d'huile d'olive puis saupoudrer de sucre et d'un peu de sel. Faire cuire 30 minutes à 150 °C (th. 5).

o Faire une tapenade : peler la gousse d'ail, en ôter le germe et la presser. Rincer les anchois et les placer dans un mortier avec l'ail, les câpres et les olives. Écraser le tout et poivrer. Ajouter ensuite le reste d'huile au fur et à mesure jusqu'à obtention d'une pâte onctueuse.

o Rincer le basilic et le ciseler. L'ajouter à la tapenade.

o Couper la ricotta en 4 tranches.

o Dans les verres, répartir les tomates confites en les plaçant sur un côté du verre. Déposer la tranche de ricotta de biais et 1 cuillerée de tapenade au-dessus.

Servir avec des tuiles de parmesan (p. 141).

DOUCEUR AUX POIVRONS

6 PERS. | FACILE | RAISONNABLE

Préparation : 15 min – Cuisson : 20 min

4 POIVRONS ROUGES / 4 POIVRONS JAUNES / 2 TOMATES / 1 GOUSSE D'AIL / 1 CITRON NON TRAITÉ / 4 CUIL. À SOUPE D'HUILE / 1 CUIL. À CAFÉ DE THYM / 2 CUIL. À SOUPE DE VINAIGRE BALSAMIQUE / 1 CUIL. À SOUPE DE CÂPRES / PARMESAN POUR LA DÉCORATION.

o Placer les poivrons sous le gril du four pendant 20 minutes environ. Lorsqu'ils sont cuits, ôter la peau et les pépins et les couper en lamelles.

o Rincer les tomates, les épépiner et les couper en petits dés.

o Peler l'ail et le presser. Prélever le zeste et le jus du citron.

o Préparer la vinaigrette en mélangeant l'huile, le zeste et le jus de citron, l'ail, le thym et le vinaigre balsamique.

o Dans 6 verres, répartir les dés de tomate, les lamelles de poivron jaune puis les lamelles de poivron rouge.

o Verser la vinaigrette. Parsemer ensuite de câpres et de quelques copeaux de parmesan.

FRUITS SECS SUR LIT DE VERDURE

4 PERS. | FACILE | RAISONNABLE

Préparation : 15 min – Cuisson : 30 min

3 CUIL. À SOUPE D'HUILE D'OLIVE / 1 CUIL. À SOUPE DE VINAIGRE DE XÉRÈS / 1 CUIL. À SOUPE DE VINAIGRE BALSAMIQUE / 1 CUIL. À SOUPE DE RAISINS SECS / 300 G DE MESCLUN / 4 BRINS DE CIBOULETTE / 2 BRINS DE PERSIL / 16 CERNEAUX DE NOIX / 150 G DE FETA / 4 TRANCHES DE POITRINE FUMÉE TRÈS FINES / SEL, POIVRE.

o Mélanger l'huile aux vinaigres. Saler, poivrer et ajouter les raisins.

o Rincer la salade si nécessaire. Rincer la ciboulette et le persil. Les ciseler. Briser les cerneaux de noix en petits morceaux. Émietter la feta.

o Répartir le mesclun mélangé à la ciboulette et au persil dans les verres et verser la vinaigrette. Parsemer de noix et de feta.

o Faire sécher les tranches de poitrine fumée au four à 60 °C (th. 1-2) pendant 30 minutes. Servir en accompagnement.

ASTUCE

Le mesclun est un mélange de salades vertes que l'on trouve dans le commerce, généralement composé de jeunes feuilles de scarole, de chicorée, de mâche, de pissenlit, de salade de Trévise, de cerfeuil, de feuille de chêne et de pourpier.

CRUDITÉS ET PETITES SAUCES

6 PERS. | FACILE | PEU COÛTEUSE

Préparation : 30 min

250 G DE CAROTTES / 1 CONCOMBRE / 1 CŒUR DE CÉLERI EN BRANCHES / 1 BOTTE DE RADIS / 1 PETIT CHOU-FLEUR.

o Éplucher les carottes, en couper les extrémités.
o Éplucher le concombre, le couper dans la longueur et en ôter les pépins. Débiter les carottes et le concombre en petits bâtonnets.
o Ôter les branches vertes dures à l'extérieur du céleri, couper le pied et enlever les parties filandreuses des côtes à l'aide d'un couteau économe. Rincer puis couper en petits bâtonnets. Équeuter les radis, en couper l'extrémité en croix.
o Détacher les bouquets du chou-fleur et les couper s'ils sont trop gros.
o Disposer les crudités ainsi préparées dans des verres et les accompagner des sauces suivantes.

SAUCE À L'ANETH

6 PERS. | FACILE | RAISONNABLE

Préparation : 10 min

1/2 CITRON / 1 JAUNE D'ŒUF / 1 CUIL. À SOUPE DE MOUTARDE FORTE / 20 CL D'HUILE DE TOURNESOL / 4 À 6 BRINS D'ANETH / 15 CL DE FROMAGE BLANC / SEL, POIVRE.

o Presser le jus du citron. Dans un bol, placer le jaune d'œuf, la moutarde et 1 cuillerée à soupe d'huile. Mélanger au batteur et ajouter l'huile au fur et à mesure puis le jus de citron, sans cesser de battre.
o Rincer l'aneth et le ciseler (en garder un peu pour la décoration). Incorporer la mayonnaise au fromage blanc puis ajouter l'aneth. Saler et poivrer.
o Servir le tout dans 1 verre, parsemé d'un peu d'aneth.

SAUCE À LA CORIANDRE

6 PERS. | ÉLÉMENTAIRE | PEU COÛTEUSE

Préparation : 5 min

1 PETIT BOUQUET DE CORIANDRE / 15 CL DE FROMAGE BLANC / 1 CUIL. À SOUPE D'HUILE D'OLIVE / SEL, POIVRE FRAÎCHEMENT MOULU.

o Rincer le bouquet de coriandre et l'émincer (en garder quelques feuilles pour la décoration). Le mélanger au fromage blanc.

o Incorporer l'huile d'olive en mélangeant bien. Saler et poivrer.

o Disposer dans 1 verre avec quelques feuilles de coriandre.

SAUCE AU CURRY

6 PERS. | FACILE | PEU COÛTEUSE

Préparation : 10 min

1 GOUSSE D'AIL / 1 JAUNE D'ŒUF / 1 CUIL. À SOUPE DE MOUTARDE FORTE / 20 CL D'HUILE DE TOURNESOL / 1 CUIL. À CAFÉ DE CURRY EN POUDRE / 1 CUIL. À CAFÉ DE SAUCE DE SOJA / TABASCO / SEL FIN, POIVRE.

o Peler l'ail, en ôter le germe et le presser.

o Dans un bol, placer le jaune d'œuf, la moutarde et 1 cuillerée à soupe d'huile. Mélanger au batteur et ajouter l'huile au fur et à mesure sans cesser de battre. Ajouter ensuite l'ail, le curry, la sauce de soja et quelques gouttes de Tabasco. Saler et poivrer.

o Disposer dans 1 verre en saupoudrant d'un peu de curry.

SAUCE ÉCHALOTE PERSIL

6 PERS. | ÉLÉMENTAIRE | PEU COÛTEUSE

Préparation : 5 min

1 ÉCHALOTE / 4 BRINS DE PERSIL / 15 CL DE FROMAGE BLANC / 1 CUIL. À CAFÉ D'HUILE D'OLIVE / DEUX PINCÉES DE PAPRIKA / SEL, POIVRE.

o Peler l'échalote et l'émincer. Rincer le persil et le ciseler. Mélanger au fromage blanc avec l'huile d'olive, une pincée de paprika, un peu de sel et de poivre. Servir dans 1 verre après avoir saupoudré de paprika.

 AVOCAT AU SAUMON FUMÉ P. 55

Pour surprendre

Atout Dips

Toutes les Mousses

ATOUT DIPS

o Les dips se confectionnent à partir d'ingrédients – principalement de légumes – réduits en purée et souvent rehaussés d'épices ou d'herbes. En anglais, *to dip* veut dire plonger, le mot s'utilise en anglais et de plus en plus aussi en français pour désigner ces petits plats qui égaient les apéritifs. On y « plonge » donc des crudités, du pain en toast ou non, des chips de pomme de terre mais aussi des chips de légumes comme le navet ou la betterave, des gressins et autres gourmandises qui serviront de prélude au repas.

o On ne peut s'empêcher de penser aux mezzés libanais et à leurs nombreux petits plats, l'humous étant certainement l'un des plus connus. On le retrouve ici, au côté du tzatziki et du tarama, qui nous viennent, eux, de Grèce, ou des tomatillos piquants, aux accents mexicains. La diversité des cuisines du monde s'invite donc sur les tables basses pour se montrer dans d'élégants habits de verre.

o Les dips, c'est aussi l'idée de partage, des crudités qui se croisent autour des verres tandis que la discussion bat son plein.

o Préférez les verres larges et solides pour les dips. Contrairement aux mousses ou aux salades, qui seront dégustées par une seule personne avec délicatesse, les dips sont pris d'assaut par les uns et les autres et demandent donc une plus grande stabilité...

o Assurez-vous enfin qu'il y ait suffisamment de pain, de gressins ou de chips – selon ce que vous avez choisi – pour la quantité de dips préparée. Évitez les chips trop fines (des morceaux risquent de sombrer dans le dip) ou des bâtonnets de crudités trop courts qui plongeront avec les doigts des invités dans les préparations.

AVOCAT AU SAUMON FUMÉ

6 PERS. | FACILE | PEU COÛTEUSE

Préparation : 20 min

1 OIGNON FRAIS / 12 BRINS DE CIBOULETTE / 8 TRANCHES DE SAUMON FUMÉ / 5 AVOCATS MÛRS / LE JUS DE 2 CITRONS / 1 CUIL. À SOUPE D'HUILE D'OLIVE / 8 CL DE CRÈME FRAÎCHE / SEL, POIVRE.

o Peler l'oignon. Rincer la ciboulette et en ciseler la moitié. Couper 1 tranche de saumon en lamelles et le reste en cubes puis réserver au frais. Extraire la chair des avocats après en avoir ôté les noyaux. Passer au mixeur les avocats, l'oignon, le jus de citron, l'huile d'olive, la ciboulette ciselée, la crème fraîche (en garder 6 cuillerées à café) puis saler et poivrer. Ajouter les cubes de saumon fumé à la fourchette et répartir dans 6 verres. Décorer de 1 cuillerée à café de crème fraîche, de lanières de saumon et de brins de ciboulette.

Servir avec du pain de campagne grillé.

CAROTTES ORIENTALES

4 PERS. | FACILE | PEU COÛTEUSE

Préparation : 20 min – Cuisson : 20 min

50 G DE RAISINS SECS / 300 G DE CAROTTES NOUVELLES / 2,5 CM DE GINGEMBRE / 1 PETITE GOUSSE D'AIL / 2 CUIL. À SOUPE D'HUILE D'OLIVE / LE JUS DE 1/2 CITRON / 1 CUIL. À CAFÉ DE CUMIN MOULU / UNE PINCÉE DE PIMENT DE CAYENNE / 20 G DE PIGNONS DE PIN / SEL, POIVRE.

o Faire tremper les raisins dans l'eau tiède. Éplucher les carottes, les couper en tronçons et les faire cuire à la vapeur 20 minutes.

o Éplucher et râper le gingembre. Peler la gousse d'ail, en extraire le germe et le presser. Mixer les carottes avec le gingembre, l'huile d'olive, le jus du citron, le cumin et le piment. Saler, poivrer. Ajouter les raisins égouttés et laisser refroidir.

o Parsemer de pignons de pin.

Servir avec des chips de légumes (p. 136).

CAVIAR D'AUBERGINE

6 PERS. | ÉLÉMENTAIRE | PEU COÛTEUSE

Préparation : 15 min – Cuisson : 45 min

4 GROSSES AUBERGINES / 2 GOUSSES D'AIL / 1 CITRON / 2 BRINS DE PERSIL PLAT / 20 CL D'HUILE D'OLIVE / SEL, POIVRE.

o Faire cuire les aubergines au four pendant 45 minutes à 210 °C (th. 7).

o Peler l'ail, en ôter le germe et le presser. Extraire le jus du citron. Rincer le persil.

o Lorsque les aubergines sont cuites, les couper en deux et prélever la chair pour la passer au moulin à légumes grosse grille. Y ajouter l'huile, l'ail, le jus de citron. Saler et poivrer.

o Ajuster l'assaisonnement. Déposer les brins de persil sur le verre.

CONCOMBRE AU CUMIN

6 PERS. | ÉLÉMENTAIRE | PEU COÛTEUSE

Préparation : 10 min

3 PETITS CONCOMBRES / 15 NOIX / 2 PETITS OIGNONS FRAIS / 1 YAOURT BULGARE / 1 CUIL. À CAFÉ RASE DE GRAINES DE CUMIN / 4 À 6 GOUTTES DE TABASCO / SEL, POIVRE.

o Éplucher les concombres et en ôter le centre après les avoir coupés en deux. Les mixer puis les égoutter dans une passoire à grille fine.

o Décortiquer les noix et peler les oignons. Les mixer avec le concombre, le yaourt, les graines de cumin et le Tabasco. Saler et poivrer.

Servir avec du pain de campagne grillé.

CAVIAR D'AUBERGINE

CONCOMBRE AU CUMIN

COURGETTES AU SÉSAME

4 PERS. | FACILE | PEU COÛTEUSE

Préparation : 25 min – Cuisson : 18 min

1 KG DE COURGETTES / 2 GOUSSES D'AIL / 2 CITRONS / 4 CUIL. À SOUPE D'HUILE DE SÉSAME / 2 BRINS DE PERSIL / QUATRE PINCÉES DE SEL.

o Rincer les courgettes sous l'eau courante. Les couper dans la longueur et les faire cuire 18 minutes à la vapeur. Les écraser à la fourchette.

o Peler l'ail et en ôter le germe, l'écraser dans un mortier avec le sel. Presser le jus des citrons.

o Dans un saladier, mélanger l'ail salé avec le jus de citron et l'huile de sésame. Y ajouter ensuite les courgettes écrasées. Rincer le persil et le ciseler.

o Présenter le tout dans des verres, parsemé de brins de persil.

DOUCEUR GRECQUE

4-6 PERS. | FACILE | PEU COÛTEUSE

Préparation : 10 min

3 GOUSSES D'AIL / 1 CITRON NON TRAITÉ / 1 BOUQUET DE MENTHE / 250 G DE FETA / 250 G DE RICOTTA / 2 CUIL. À SOUPE D'HUILE D'OLIVE / QUATRE PINCÉES DE PIMENT DE CAYENNE / 1 CUIL. À CAFÉ D'ORIGAN / 180 G DE YAOURT GREC / 1 TOMATE / 30 G D'OLIVES NOIRES / SEL, POIVRE.

o Peler l'ail, en ôter le germe et le presser. Prélever le zeste du citron, réserver puis presser le citron. Rincer la menthe et la couper grossièrement.

o Mixer la feta, la ricotta, l'huile, l'ail, le jus du citron, le piment, la menthe, l'origan et le yaourt. Saler et poivrer.

o Rincer la tomate, en ôter le pédoncule et les pépins et la couper en petits dés. Dénoyauter les olives et les couper en quatre.

o Servir dans des verres puis parsemer de dés de tomate, d'olives et de zeste de citron.

Accompagner de pita (p. 140) ou de gressins (p. 138).

FÈVES

4 PERS. | FACILE | PEU COÛTEUSE

Préparation : 10 min – Cuisson : 8 min

450 G DE FÈVES PELÉES CONGELÉES / 1 CITRON / 2 GOUSSES D'AIL / 1/2 CUIL. À CAFÉ DE CUMIN EN POUDRE / 10 CL D'HUILE D'OLIVE / 4 BRINS DE PERSIL PLAT.

o Plonger les fèves dans l'eau bouillante, et compter 8 minutes de cuisson à partir de l'ébullition.

o Presser le citron. Peler les gousses d'ail, en ôter le germe et les écraser avec la lame d'un couteau large.

o Passer au mixeur les fèves avec l'ail. Rallonger avec un peu d'eau chaude si le mélange est trop sec. Y ajouter, à l'aide d'une cuillère, le jus de citron, le cumin et, petit à petit, l'huile jusqu'à obtenir une consistance moelleuse. Rincer le persil et le ciseler.

o Servir le tout dans des verres, parsemé de persil.

Accompagner de pita (p. 140).

GUACAMOLE

6 PERS. | FACILE | RAISONNABLE

Préparation : 20 min – Cuisson : 30 min

2 OIGNONS FRAIS / 1/2 BOUQUET DE PERSIL / 2 TOMATES / 2 PETITS PIMENTS ROUGES / 5 AVOCATS MÛRS / LE JUS DE 2 CITRONS / 6 TRANCHES FINES DE POITRINE FUMÉE / SEL, POIVRE.

o Peler les oignons et les émincer. Rincer le persil et le ciseler. Monder les tomates en les plongeant quelques minutes dans l'eau bouillante pour les peler plus facilement et en ôter les pépins. Les couper en petits dés. Épépiner les piments et les émincer.

o Ouvrir les avocats, en extraire la chair après avoir ôté les noyaux et l'écraser à la fourchette. Y ajouter les oignons, le persil, les tomates, les piments et le jus de citron. Saler et poivrer.

o Faire sécher les tranches de poitrine fumée au four pendant 30 minutes à 60 °C (th. 1-2).

o Servir avec la poitrine fumée et des tortillas de blé (p. 140).

HOUMOS DE BETTERAVE

8 PERS. | FACILE | PEU COÛTEUSE

Préparation : 15 min

2 CITRONS / 1 OIGNON / 2 GOUSSES D'AIL / 500 G DE BETTERAVES CUITES / 500 G DE POIS CHICHES EN BOÎTE / 2 CUIL. À SOUPE DE TAHIN / 1 CUIL. À SOUPE DE CUMIN EN POUDRE / 8 CL D'HUILE D'OLIVE / SEL, POIVRE.
POUR LA DÉCORATION : FEUILLES DE CERFEUIL.

o Presser les citrons. Peler l'oignon et l'ail, les couper grossièrement. Éplucher les betteraves. Passer au mixeur les pois chiches et les betteraves avec le jus des citrons, l'oignon, l'ail, le tahin, le cumin et 1 tasse d'eau tiède.

o Ajouter l'huile au fur et à mesure sans cesser de tourner.

o Saler et poivrer. Servir dans 1 verre avec quelques feuilles de cerfeuil.

ASTUCE

Le tahin, que l'on trouve dans les magasins orientaux, se confectionne à partir de graines de sésame que l'on broie et que l'on sale.

OLIVES PARMENTIÈRE

8 PERS. | FACILE | RAISONNABLE

Préparation : 20 min – Cuisson : 20 min

450 G DE POMMES DE TERRE / 3 GOUSSES D'AIL / 50 G D'OLIVES VERTES / 50 G D'OLIVES NOIRES / 5 BRINS DE CIBOULETTE / 5 BRINS DE CERFEUIL / 5 BRINS DE PERSIL PLAT / 150 CL D'HUILE D'OLIVE / 2 CUIL. À SOUPE DE VINAIGRE DE VIN / 5 CUIL. À SOUPE DE LAIT / SEL, POIVRE.

o Éplucher les pommes de terre et les faire cuire à la vapeur 20 minutes.

o Pendant ce temps, peler l'ail, en ôter le germe et le presser. Dénoyauter les olives et les couper en quatre. Rincer les herbes et les ciseler en en gardant pour la décoration.

o Écraser les pommes de terre et les mélanger avec l'ail. Incorporer au fur et à mesure la moitié de l'huile puis le vinaigre et enfin le reste de l'huile. Ajouter ensuite, en mélangeant bien, le lait puis les olives et les herbes. Saler et poivrer.

o Répartir dans des verres en disposant des herbes ou des olives sur le dessus.

Servir avec des chips de légumes (p. 136).

POIS CHICHES ET POIVRONS ROUGES EN GOGUETTE

6 PERS. | FACILE | RAISONNABLE

Préparation : 15 min

2 POIVRONS ROUGES / 8 CL D'HUILE D'OLIVE / 1 CITRON / 2 GOUSSES D'AIL / 500 G DE POIS CHICHES EN BOÎTE / DEUX PINCÉES DE PAPRIKA / 2 CUIL. À SOUPE DE TAHIN / SEL, POIVRE.

o Placer les poivrons rouges dans le four en position gril et les faire cuire jusqu'à ce que la peau commence à noircir. Les sortir du four, les peler, les épépiner et les couper en lamelles. Disposer les lamelles dans 6 cuillerées à soupe d'huile et réserver.

o Presser le citron. Peler l'ail et en ôter les germes. Le presser.

o Placer les pois chiches avec 2 tasses d'eau tiède dans un mixeur avec l'ail, le paprika, les lamelles de poivron et le jus de citron. Ajouter ensuite le tahin et le reste d'huile d'olive. Saler et poivrer. Ajuster la consistance en ajoutant de l'eau si nécessaire et le goût en ajoutant de l'ail.

SALSA

4 PERS. | FACILE | RAISONNABLE

Préparation : 20 min

1 PETIT OIGNON ROUGE / 1 PIMENT ROUGE / 2 CITRONS VERTS NON TRAITÉS / 250 G DE TOMATES / 4 BRINS DE CORIANDRE / 2 BEAUX AVOCATS / UNE PINCÉE DE SUCRE / TROIS PINCÉES DE CUMIN EN POUDRE / SEL, POIVRE.

o Peler l'oignon et le couper en petits cubes. Épépiner le piment et le couper en fines lamelles. Prélever le zeste de 1 citron vert et presser le jus des 2 citrons. Rincer les tomates, en ôter les pédoncules et les pépins. Les couper en dés. Rincer la coriandre et la ciseler.

o Ouvrir les avocats et en extraire la chair. L'arroser de jus de citron. Couper la moitié d'un des avocats en dés et écraser le reste à la fourchette. Dans un saladier, mélanger l'avocat écrasé, l'avocat en dés, l'oignon, le piment, le zeste et le jus de citron vert, le sucre, les tomates et la coriandre. Ajouter le cumin et bien mélanger.

Servir dans des verres avec des tortillas de blé (p. 140) ou des chips de maïs.

POIS CHICHES ET POIVRONS ROUGES EN GOGUETTE
SALSA

TARAMA

6 PERS. | FACILE | CHÈRE

Préparation : 15 min

2 ÉCHALOTES / 1 CITRON / 1 TRANCHE DE PAIN DE MIE / 5 CL DE LAIT ENTIER / 300 G D'ŒUFS DE CABILLAUD / 1 CUIL. À SOUPE DE CRÈME FRAÎCHE / 10 CL D'HUILE D'OLIVE / SEL, POIVRE.

o Peler les échalotes et les couper en petits morceaux. Presser le citron. Ôter les bords de la mie de pain et la faire tremper dans le lait. La mixer avec les échalotes, les œufs de cabillaud, le jus de citron, la crème fraîche, du sel et du poivre.

o Ajouter l'huile petit à petit jusqu'à obtention d'un mélange onctueux.

Garder au frais avant de servir avec des blinis (p. 136).

ASTUCE

On peut également, lors de la confection du tarama, y ajouter 1 cuillerée à café de vodka. Vodka qui, d'ailleurs, fera une excellente boisson d'accompagnement.

TZATZIKI

4 PERS. | FACILE | PEU COÛTEUSE

Préparation : 10 min

1 CONCOMBRE / 2 GOUSSES D'AIL / 1/2 CITRON / 5 BRINS DE MENTHE / 2 BRINS D'ANETH / 400 G DE YAOURT GREC / DEUX PINCÉES DE CUMIN EN POUDRE / SEL, POIVRE.

o Éplucher le concombre et le couper en deux pour en ôter les pépins. Le couper en très fines lamelles et le réserver dans une passoire.

o Peler les gousses d'ail et les presser. Presser le citron et rincer la menthe ainsi que l'aneth. Ciseler la menthe.

o Dans un saladier, mélanger au yaourt grec le concombre, l'ail, le jus de citron, la menthe et le cumin. Saler et poivrer.

o Décorer avec des brins d'aneth.

Servir dans des verres avec du pain pita (p. 140).

TOMATILLOS PIQUANTS

6 PERS. | ÉLÉMENTARE | PEU COÛTEUSE

Préparation : 10 min

300 G DE TOMATILLOS / 1 OIGNON FRAIS / 1 PETIT PIMENT VERT / 2 GOUSSES D'AIL / 1 CITRON VERT / 1 BOUQUET DE CORIANDRE / SEL, POIVRE.

o Rincer les tomatillos et en ôter les pédoncules. Les couper en quatre. Éplucher l'oignon et le couper en deux. Rincer le piment et le couper en lamelles. Peler l'ail et en ôter le germe.

o Couper le citron en deux. Couper l'une des moitiés en tranches pour la décoration et presser le jus de l'autre moitié. Rincer la coriandre.

o Mixer les tomatillos avec l'oignon, le piment, l'ail, le jus de citron vert et la coriandre.

o Saler et poivrer.

Servir dans des verres avec des tortillas de blé (p. 140).

ASTUCE

Les tomatillos sont de petites tomates vertes très répandues au Mexique. On en trouve dans les magasins exotiques, on peut les cultiver aussi en France.

TOUTES LES MOUSSES

o Les mousses ont trouvé leurs lettres de noblesse dans les années 1970 avec l'avènement de la nouvelle cuisine, qui a toujours donné une grande importance à la présentation.

o La transparence des verres offre une vue presque géologique des mousses dont les différentes strates, aux alléchants coloris, promettent un régal que leur onctuosité et leur légèreté ne démentiront pas.

o Elles sont souvent faites à base de crème fraîche liquide fouettée, il vaut mieux les préparer peu de temps avant le repas pour éviter leur affaissement. Vous pouvez, si vous désirez les préparer bien à l'avance, utiliser de la gélatine ou de l'agar-agar (équivalent végétarien à base d'algues).

o La gélatine existe en feuille ou en poudre. Lorsqu'elle se présente en feuille, il faut la faire tremper 5 à 10 minutes dans de l'eau froide puis diluer dans la préparation chaude ou dans un liquide chaud avant de l'incorporer à sa préparation.

o La gélatine en poudre se réhydrate dans quelques cuillerées de liquide froid et gonfle pendant 5 minutes. Il faut ensuite la chauffer pour la rendre liquide si l'on veut l'incorporer à une préparation froide.

o Il faut ensuite placer la mousse au réfrigérateur pour permettre à la gélatine de prendre.

o Quant à l'agar-agar, il se dilue dans un liquide et doit bouillir pendant 5 minutes avant d'être intégré au mélange.

o Les verres utilisés peuvent être délicats comme des verres à cocktail, les mousses se dégustant avec lenteur, la finesse du verre fera ainsi écho à la finesse du goût.

BROUSSE À LA SICILIENNE

4 PERS. | FACILE | RAISONNABLE

Préparation : 10 min

2 ÉCHALOTES / 2 CUIL. À CAFÉ DE CÂPRES / 400 G DE BROUSSE / 8 ANCHOIS À L'HUILE / 10 CL D'HUILE D'OLIVE / SEL, POIVRE FRAÎCHEMENT MOULU.

o Peler les échalotes et les couper en fines lamelles. Les placer dans 4 verres avec les câpres.

o Répartir ensuite la brousse. Couper les filets d'anchois en deux et les placer sur la brousse. Saler, poivrer et arroser d'huile d'olive.

Accompagner de pain de campagne grillé.

CŒURS DE TOMATE POUR ARTICHAUTS

4 PERS. | FACILE | RAISONNABLE

Préparation : 15 min – Cuisson : 30 min

4 ARTICHAUTS / 1 CITRON / DEUX POIGNÉES DE FINES HERBES / 25 CL DE CRÈME FRAÎCHE LIQUIDE / 12 TOMATES CONFITES À L'HUILE / SEL, POIVRE.

o Faire cuire les artichauts dans de l'eau bouillante salée pendant 30 minutes. Presser le citron. Rincer les fines herbes et les ciseler. Laisser refroidir puis ôter les feuilles, le foin des artichauts et les queues. Mixer les fonds d'artichaut avec le jus de citron, 2 cuillerées à café de crème fraîche liquide et la moitié des fines herbes. Saler et poivrer.

o Couper les tomates en petits dés. Répartir la crème d'artichaut dans les verres et la couvrir de dés de tomate. Fouetter, à l'aide d'un batteur électrique, le reste de crème fraîche liquide. Lorsqu'elle est ferme, en décorer les verres et parsemer du reste des fines herbes.

ASTUCE

Le mélange de fines herbes se compose traditionnellement de persil, d'estragon, de ciboulette et de cerfeuil.

CRÈME D'AVOCAT AUX CREVETTES

4 PERS. | FACILE | CHÈRE

Préparation : 20 min

3 CITRONS VERTS NON TRAITÉS / 10 BRINS DE CIBOULETTE / 3 AVOCATS MÛRS / TABASCO / 16 CREVETTES CUITES / SEL, POIVRE.

o Prélever le zeste de 2 citrons et en presser le jus. Rincer la ciboulette et la ciseler (en garder pour la décoration).

o Peler et dénoyauter les avocats. Les mixer avec le jus de citron, quelques gouttes de Tabasco, la ciboulette, un peu de sel et de poivre.

o Éplucher les crevettes (laisser les queues pour 4 d'entre elles et les réserver). Mélanger les crevettes au zeste de citron, puis les ajouter à la mousse d'avocat.

o Répartir dans des verres et servir avec 1 crevette et des rondelles de citron vert sur le bord.

FETA MALIGNE

4 PERS. | FACILE | RAISONNABLE

Préparation : 15 min – Cuisson : 30 min

5 GOUSSES D'AIL / 1 POIVRON ROUGE / 2 CUIL. À SOUPE D'HUILE D'OLIVE / 1 CITRON / 2 BRINS DE MENTHE FRAÎCHE / 250 G DE FETA / 250 G DE RICOTTA / 185 G DE YAOURT GREC / POIVRE.

o Placer les gousses d'ail dans leur peau et le poivron au four en les arrosant d'un filet d'huile d'olive. Les faire rôtir pendant 30 minutes à 180 °C (th. 6). Presser le citron, rincer la menthe et la ciseler.

o Lorsque les gousses sont rôties, en extraire la chair et la mixer avec la feta, la ricotta, le jus de citron, l'huile d'olive et la moitié du yaourt. Poivrer. Ajouter le yaourt restant et la menthe en mélangeant à l'aide d'une fourchette.

o Peler et épépiner le poivron puis le couper en fines lamelles.

o Placer le mélange dans des verres et répartir les lamelles de poivron au-dessus.

MOUSSE D'ASPERGE AUX ANCHOIS

4 PERS. | DIFFICILE | RAISONNABLE

Préparation : 20 min – Cuisson : 35 min

10 ASPERGES VERTES / 1 OIGNON ROUGE / 1 CITRON NON TRAITÉ / 6 BRINS DE PERSIL PLAT / 4 CUIL. À SOUPE D'HUILE D'OLIVE / 100 G D'ANCHOIS À L'HUILE / 25 CL DE CRÈME FRAÎCHE LIQUIDE / SEL, POIVRE.

o Éplucher les asperges de la tête vers le pied avec un couteau économe. Les cuire à la vapeur 15 minutes. Peler l'oignon et le couper en dés. Prélever le zeste du citron et le presser. Rincer le persil et le ciseler.

o Dans une poêle, faire revenir les dés d'oignon dans l'huile à feu moyen : ils doivent être translucides. Baisser le feu et ajouter les anchois et le zeste de citron. Faire cuire 10 minutes environ sans cesser de remuer. Ajouter alors le jus de citron et le persil. Saler et poivrer si nécessaire. Réserver.

o Laisser refroidir les asperges. Battre la crème liquide pour obtenir une crème fouettée. Mixer les asperges, saler et poivrer. Les mélanger à la crème fouettée.

o Dans 4 verres, répartir les anchois et l'oignon et couvrir de la mousse aux asperges.

MOUSSE DE COURGETTE AU PESTO

4 PERS. | FACILE | RAISONNABLE

Préparation : 20 min – Cuisson : 10 min

3 GOUSSES D'AIL / 1 BOUQUET DE BASILIC / 3 CUIL. À SOUPE DE PIGNONS DE PIN / 3 CUIL. À SOUPE DE PARMESAN RÂPÉ / 6 CUIL. À SOUPE D'HUILE D'OLIVE / 3 COURGETTES / 200 G DE FROMAGE DE CHÈVRE FRAIS / 10 CL DE CRÈME FRAÎCHE ÉPAISSE / 20 CL DE CRÈME FRAÎCHE LIQUIDE / SEL, POIVRE.

o Préparer le pesto : peler l'ail et en ôter le germe. Rincer le basilic et le couper en lanières. Dans un mortier, écraser les pignons avec le basilic, le parmesan et les gousses d'ail. Puis ajouter 2 à 3 cuillerées à soupe d'huile et mélanger jusqu'à obtention d'une pâte onctueuse.

o Rincer les courgettes, les couper en tranches et les faire revenir 5 à 10 minutes à la poêle dans l'huile restante à feu vif. En mixer la moitié avec le chèvre et la crème fraîche épaisse. Saler et poivrer.

o Battre la crème liquide jusqu'à ce qu'elle devienne ferme. La mélanger au reste de la préparation.

o Dans les verres, alterner rondelles de courgette grillées et mousse. Finir par 1 couche de mousse et y placer 1 cuillerée à café de pesto et des copeaux de parmesan.

Servir avec des toasts de pain de campagne.

MOUSSE DE CRABE AUX POIVRONS

4 PERS. | FACILE | RAISONNABLE

Préparation : 25 min – Repos : 30 min – Cuisson : 10 min

1 ŒUF / 1 CITRON / 4 BRINS DE PERSIL / 1 BOUQUET DE CIBOULETTE / 1 POIVRON ROUGE / 1 POIVRON JAUNE / 1 POIVRON VERT / 2 OIGNONS FRAIS / 1 PETIT PIMENT / 1 GOUSSE D'AIL / 3 CUIL. À SOUPE D'HUILE D'OLIVE / LA CHAIR DE 1 CRABE / 2 CUIL. À SOUPE DE MAYONNAISE / 8 ANCHOIS MARINÉS AU VINAIGRE / SEL, POIVRE.

o Faire cuire l'œuf 10 minutes dans de l'eau bouillante. Presser le citron. Rincer les bouquets de persil (après en avoir coupé les queues) et de ciboulette puis les ciseler. Rincer et évider les poivrons. Les couper en petits dés. Peler et couper les oignons en petits cubes. Épépiner le piment et l'émincer. Peler et presser l'ail après en avoir ôté le germe.

o Dans un bol, mélanger l'huile, l'ail, le piment, la moitié du jus de citron et la ciboulette. Saler et poivrer. Faire mariner les poivrons et les oignons dans cette sauce pendant 30 minutes.

o Lorsque l'œuf est cuit, enlever la coquille et le passer au mixeur avec la chair du crabe, la mayonnaise et le reste du jus de citron. Saler et poivrer.

o Égoutter les poivrons et les oignons. En répartir la moitié dans les verres. Couvrir de la mousse de crabe et répartir le reste de poivrons et d'oignons. Décorer le tout d'anchois et de persil.

Servir avec des toasts de baguette coupés en quinconce.

MOUSSE DE BROCOLI AUX ÉCLATS DE MIMOLETTE

6 PERS. | FACILE | RAISONNABLE

Préparation : 10 min – Cuisson : 5 min

200 G DE BROCOLI / 50 G DE CRÈME FRAÎCHE / 200 G DE FROMAGE BLANC À 40 % DE M.G. / UNE PINCÉE DE MÉLANGE DES 5 BAIES / 60 G DE MIMOLETTE VIEILLE / SEL.

o Séparer le brocoli en bouquets de taille égale. Et les faire cuire 5 minutes dans de l'eau bouillante.

o Mixer les brocolis (en garder 6 petits bouquets pour la décoration) avec la crème fraîche, le fromage blanc, le mélange des 5 baies et du sel.

o Effriter la mimolette vieille et la mélanger à l'aide d'une cuillère à la mousse de brocoli.

o Répartir dans des verres et placer un petit bouquet de brocoli sur chaque mousse.

ASTUCE

Le mélange de 5 baies se compose de poivre noir, poivre blanc, poivre vert, baies roses, poivre de la Jamaïque.

MOUSSE D'ÉPINARD AU ROCAMADOUR

4 PERS. | FACILE | RAISONNABLE

Préparation : 25 min – Cuisson : 10 min

400 G D'ÉPINARDS / 2 TOMATES / 2 OIGNONS FRAIS / 2 CUIL. À SOUPE D'HUILE D'OLIVE / 20 CL DE CRÈME FRAÎCHE LIQUIDE / 2 CUIL. À SOUPE DE PIGNONS DE PIN / 1 FROMAGE DE ROCAMADOUR / SEL, POIVRE DU MOULIN.

o Éplucher les épinards en pliant en deux chaque feuille pour enlever la tige sans l'abîmer. Les rincer sous l'eau courante. Rincer les tomates, en ôter les pédoncules et les couper en dés.

o Peler les oignons et les couper en lamelles. Les faire revenir pendant 1 minute dans l'huile à feu vif en remuant puis ajouter les tomates et continuer à cuire 3 à 4 minutes. Ajouter ensuite les épinards et cuire 4 à 5 minutes supplémentaires. Saler et poivrer. Passer le tout au mixeur. Laisser refroidir.

o Battre la crème liquide en chantilly et l'incorporer aux épinards et aux tomates mixées. Griller les pignons de pin dans une poêle antiadhésive. Écraser le fromage de chèvre à la fourchette et le poivrer.

o Disposer la mousse dans 4 verres puis y répartir le rocamadour effrité et les pignons de pin grillés.

MOUSSE DE LANGOUSTINE À LA PULPE DE PAMPLEMOUSSE

4 PERS. | FACILE | CHÈRE

Préparation : 25 min

1 PAMPLEMOUSSE / 10 LANGOUSTINES CUITES / 40 CL DE CRÈME FRAÎCHE LIQUIDE / 1 CITRON / 3 AVOCATS / SEL, POIVRE.

o Couper le pamplemousse en deux dans la largeur. Presser le jus de la première moitié et éplucher la seconde moitié à vif.

o Décortiquer les langoustines et les mixer avec le jus de pamplemousse. Saler et poivrer.

o À l'aide d'un batteur électrique, fouetter la crème liquide jusqu'à ce qu'elle se solidifie légèrement. L'incorporer aux langoustines.

o Presser le citron et le mixer à la chair des 3 avocats. Saler, poivrer et répartir dans 4 verres. Couvrir ensuite avec la mousse de langoustines et décorer avec des quartiers de pamplemousse.

Servir avec des blinis (p. 136) et un peu de crème fraîche.

MOUSSE DE TOMATE AU BASILIC

6 PERS. | FACILE | RAISONNABLE

Préparation : 15 min

800 G DE TOMATES EN GRAPPE / 1 CUIL. À SOUPE DE CONCENTRÉ DE TOMATES / 16 FEUILLES DE BASILIC / 100 G DE MOZZARELLA / 2 CUIL. À SOUPE D'HUILE D'OLIVE / 50 CL DE CRÈME FRAÎCHE LIQUIDE / SEL, POIVRE.

o Plonger les tomates dans de l'eau bouillante puis les peler et les épépiner. Les passer au mixeur avec le concentré de tomates, saler et poivrer.

o Rincer le basilic et le couper en fines lanières (en garder 6 feuilles pour la décoration). Couper la mozzarella en cubes et la mélanger au basilic et à l'huile d'olive. Répartir dans les verres.

o Au batteur électrique, fouetter la crème fraîche liquide et l'ajouter délicatement à la tomate. Ajouter dans les verres et décorer avec 1 feuille de basilic.

MOUSSE OCÉANE À LA POMME VERTE

4 PERS. | FACILE | RAISONNABLE

Préparation : 10 min

20 CL DE CRÈME FRAÎCHE LIQUIDE / 1 POMME VERTE / 2 TRANCHES DE SAUMON FUMÉ / 1 CUIL. À CAFÉ DE RAIFORT / SEL, POIVRE.
ŒUFS DE SAUMON POUR LA DÉCORATION.

o Garder la crème liquide au frais.
o Éplucher et épépiner la pomme. La mixer avec le saumon fumé et le raifort. Saler et poivrer.
o Au batteur électrique, fouetter la crème. Mélanger la crème fouettée au saumon mixé. Répartir le tout dans 4 petits verres et décorer d'œufs de saumon.

Servir avec des blinis (p. 136).

TRIO DE POIVRONS AU CHÈVRE FRAIS

4 PERS. | FACILE | RAISONNABLE

Préparation : 20 min – Cuisson : 20 min

2 POIVRONS ROUGES / 2 POIVRONS VERTS / 2 POIVRONS JAUNES / 1/2 CUIL. À CAFÉ DE CURCUMA / 20 CL DE CRÈME FRAÎCHE LIQUIDE / 8 FEUILLES DE BASILIC / 80 G DE CHÈVRE FRAIS / SEL, POIVRE.

o Placer les poivrons dans le four et les faire cuire environ 20 minutes sous le gril. Lorsqu'ils sont cuits, en ôter la peau et les pépins et les couper en quelques morceaux.
Les passer au mixeur séparément. Ajouter le curcuma aux poivrons jaunes.
o Battre la crème fraîche liquide. Lorsqu'elle est ferme, en mélanger délicatement un tiers avec chaque sorte de poivron. Les répartir dans 4 verres en plaçant le poivron rouge puis le jaune et enfin le vert.
o Rincer le basilic et le ciseler. Le mélanger au chèvre préalablement émietté. Saler et poivrer puis répartir sur les mousses de poivron.

 MOUSSE OCÉANE À LA POMME VERTE P. 81

TRIO DE POIVRONS AU CHÈVRE FRAIS P. 81

MOUSSE DE SARDINE

6 PERS. | FACILE | PEU COÛTEUSE

Préparation : 20 min

1 GOUSSE D'AIL / 1 JAUNE D'ŒUF / 1 CUIL. À SOUPE DE MOUTARDE / 7 CL D'HUILE D'OLIVE / 6 BRINS DE CIBOULETTE / 350 G DE SARDINES À L'HUILE EN BOÎTE / 50 G D'OLIVES NOIRES DÉNOYAUTÉES / 10 CL DE CRÈME FRAÎCHE LIQUIDE / SEL, POIVRE.

o Faire un aïoli : peler la gousse d'ail, en enlever le germe. Dans un bol, placer le jaune d'œuf pour qu'il soit à température ambiante. Ajouter la moutarde, 1 cuillerée à soupe d'huile d'olive puis saler et poivrer. Au batteur électrique ou à la main (il faut alors tourner la cuillère toujours dans le même sens), mélanger le tout en ajoutant le reste de l'huile d'olive au fur et à mesure. Ajouter l'ail écrasé.
o Rincer la ciboulette et la couper grossièrement.
o Ôter les arêtes des sardines et les mixer avec l'aïoli, la ciboulette et les olives. Poivrer.
o Fouetter à l'aide d'un batteur électrique la crème fraîche liquide. Lorsqu'elle est ferme, la mélanger délicatement au reste et répartir dans les verres.

Servir avec du pain de campagne grillé.

 KEFTAS DE POULET P. 101

Les petits plats

Les Tapas

Tartares et Carpaccios

Et des Minibrochettes

LES TAPAS

o Institution nationale en Espagne, les tapas sont les ambassadrices de ce pays dans le monde entier, où les bars à tapas font découvrir ces petits plats autour desquels on aime à discuter. Ils apportent un peu de la chaleur et de la joie de vivre espagnoles.

o Le mot tapas vient de *tapar*, couvrir en espagnol, et fait référence à des morceaux de jambon ou de fromage que l'on plaçait dans certains bars d'Andalousie, sur les verres, pour empêcher les importunes mouches d'y tomber.

La pratique des tapas s'est développée dans toute l'Espagne, où la consommation de petits plats s'accommode des fortes chaleurs hispaniques mieux que ne le ferait un bœuf bourguignon...

o Il ne tient qu'à vous de recréer cette atmosphère conviviale. Vous pourrez partager idées et tapas avec vos amis, qui les découvriront au travers de la prometteuse transparence des verres.

o En Espagne, les produits de base sont d'une très grande qualité : les légumes et les charcuteries étonnent toujours par la richesse de leurs goûts. Il vous faudra donc, si vous voulez être en accord parfait avec l'esprit des tapas, choisir les meilleurs produits.

o Vous pouvez présenter les tapas dans des verres à whisky. Fournissez toujours des petits pics en bois qui permettront à vos invités de picorer ici et là ce que vous aurez préparé. Accompagnez-les de serviettes en papier. Appréciez enfin, à l'instar des Espagnols, qui se retrouvent en famille sur les terrasses des bars, le moment présent, où le plaisir d'être avec des amis rime avec plaisirs gustatifs.

ARTICHAUTS AUX OLIVES

6 PERS.	FACILE	RAISONNABLE

Préparation : 15 min – Cuisson : 50 min

1 CITRON / 6 ARTICHAUTS / 80 G D'OLIVES NOIRES / 15 CL D'HUILE D'OLIVE.

o Presser le jus du citron. Cuire les artichauts à la vapeur pendant 50 minutes. Laisser un peu refroidir et ôter les feuilles et le foin des cœurs, couper ces derniers en fines lamelles et les asperger du jus de citron.

o Mixer les olives avec l'huile d'olive. Disposer les lamelles d'artichaut dans des verres puis verser la sauce à l'olive.

o Servir avec des petits pics apéritifs.

Accompagner de toasts de baguette.

CALAMARS FRITS

4 PERS. | FACILE | RAISONNABLE

Préparation : 20 min – Cuisson : 10 min

5 CALAMARS DE TAILLE MOYENNE / 100 G DE FARINE / 1 CITRON / 6 CUIL. À SOUPE DE MAYONNAISE / 1 CUIL. À CAFÉ DE VINAIGRE DE VIN / SEL, POIVRE.

o Rincer les calamars et en ôter les tentacules, vider l'intérieur et ôter le cartilage avec un couteau. Rincer à l'eau courante et gratter la membrane qui les couvre. Les couper en rondelles de 1 cm de large. Les assaisonner. Les rouler dans la farine et les faire frire dans de l'huile de friture. Égoutter sur du papier absorbant.

o Servir avec des quartiers de citron et une mayonnaise mélangée au vinaigre de vin blanc.

CALAMARS AU VIN

4 PERS. | FACILE | RAISONNABLE

Préparation : 20 min – Repos : 10 min – Cuisson : 20 min

500 G DE CALAMARS / 1 ÉCHALOTE / 1 GOUSSE D'AIL / 250 G DE TOMATES EN GRAPPE / 1 POIVRON ROUGE / 10 CL D'HUILE D'OLIVE / 20 CL DE VIN ROUGE / SEL, POIVRE.

o Couper les calamars en morceaux de 2 à 3 cm. Peler l'échalote et l'ail et les émincer. Rincer les tomates, en ôter le pédoncule et les couper en cubes. Évider le poivron et le couper en cubes.

o Dans une poêle, faire revenir une dizaine de minutes dans l'huile à feu vif les calamars avec l'échalote, l'ail, les tomates (et leur jus) et le poivron. Ajouter le vin rouge et cuire jusqu'à diminution de la sauce. Saler et poivrer.

o Laisser refroidir avant de servir dans des verres.

CALAMARS FRITS
CALAMARS AU VIN

CHAMPIGNONS À L'AIL ET AU PERSIL

6 PERS. | FACILE | RAISONNABLE

Préparation : 10 min – Repos : 10 min – Cuisson : 25 min

1 BOUQUET DE PERSIL PLAT / 8 GOUSSES D'AIL / 5 CL DE VIN BLANC / 1 KG DE CHAMPIGNONS DE PARIS / 10 CL D'HUILE D'OLIVE / 2 PETITS PIMENTS ROUGES / SEL, POIVRE.

o Rincer et ciseler le persil. Peler et couper l'ail en lamelles. En mettre l'équivalent de 2 gousses dans un bol et mélanger avec le vin et le persil. Réserver.

o Rincer les champignons, en couper le pied et les couper en quatre dans la hauteur.

o Dans une poêle, verser l'huile et y faire revenir le reste d'ail avec les piments entiers.

o Puis, à feu vif, ajouter les champignons et remuer constamment pendant 5 à 10 minutes.

o Saler et poivrer. Baisser le feu et continuer à cuire 10 minutes environ jusqu'à évaporation du jus.

o Sortir du feu et ajouter doucement la sauce au vin puis faire cuire de nouveau à feu vif pendant 5 minutes sans cesser de remuer.

o Laisser refroidir et servir dans des verres avec des petits pics apéritifs.

CHORIZO SURPRISE

4 PERS. | FACILE | RAISONNABLE

Préparation : 10 min – Cuisson : 15 min

2 CHORIZOS / 250 G DE FARINE / 2 ŒUFS / 2 CUIL. À CAFÉ DE LEVURE CHIMIQUE / HUILE VÉGÉTALE / 2 PIMENTS VERTS AU VINAIGRE.

o Ôter la peau du chorizo et le couper en rondelles de 1 cm d'épaisseur. Dans un saladier, mélanger la farine, les œufs et la levure.

o Enrober les rondelles de chorizo de cette pâte et les faire frire dans de l'huile. Les déposer sur du papier absorbant puis les disposer dans des verres.

o Couper les piments en rondelles et en parsemer les chorizos frits.

CHOU-FLEUR À LA CARDAMOME

6 PERS. | FACILE | PEU COÛTEUSE

Préparation : 10 min – Repos : 10 min – Cuisson : 14 min

1 CHOU-FLEUR / 8 GRAINES DE CARDAMOME / 4 CUIL. À SOUPE D'HUILE DE TOURNESOL / SEL, POIVRE.

o Enlever les feuilles vertes du tour du chou-fleur et en couper la grosse tige blanche. Détacher les bouquets et couper les plus gros pour que les bouquets aient tous la même taille.

o Dans une grosse poêle (ou un wok), faire revenir les graines de cardamome 3 à 4 minutes dans l'huile. Ajouter les bouquets de chou-fleur et bien les mélanger pour qu'ils s'imprègnent de l'huile à la cardamome.

o Transvaser ensuite le chou-fleur sur la lèchefrite et napper les choux-fleurs de l'huile à la cardamome.

o Faire griller les choux-fleurs à 210 °C (th. 7) pendant 10 minutes en retournant les bouquets à mi-cuisson.

o Lorsque les choux-fleurs sont bien dorés, saler et poivrer puis laisser refroidir et servir dans des verres après avoir ôté les graines de cardamome.

CROQUETTES DE JAMBON

4 PERS. | DIFFICILE | PEU COÛTEUSE

Préparation : 15 min – Repos : 5 h – Cuisson : 25 min

200 G DE JAMBON DE PAYS COUPÉ EN TRANCHES ÉPAISSES / 50 CL DE LAIT / 60 G DE BEURRE / 60 G DE FARINE / DEUX PINCÉES DE NOIX DE MUSCADE / 2 ŒUFS / 2 TASSES DE CHAPELURE / 3 CUIL. À SOUPE D'HUILE D'OLIVE / LE JUS DE 1 CITRON / 4 OU 5 FEUILLES DE LAITUE / 1 PIMENT VERT / SEL, POIVRE.

o Couper le jambon en dés et le faire tremper dans 10 cl de lait 4 à 5 heures.

o Faire une béchamel : dans une casserole, faire fondre le beurre, ajouter la farine et bien tourner. Lorsque la farine et le beurre sont mélangés, ajouter le reste de lait petit à petit sans cesser de tourner. Ajouter la noix de muscade, saler et poivrer.

o Égoutter le jambon, l'intégrer à la béchamel et continuer de tourner, à feu moyen, jusqu'à ce que la béchamel soit bien épaisse et se décolle des bords de la casserole.

o Dans une première assiette creuse, battre les œufs. Disposer la chapelure dans une autre assiette.

o Faire des petites boules avec la béchamel et le jambon et les rouler dans l'œuf puis dans la chapelure avant de les faire frire dans de l'huile de friture chaude.

o Les déposer sur du papier absorbant pour éponger l'huile.

o Faire une vinaigrette avec l'huile d'olive et le citron pressé, du sel et du poivre. Rincer les feuilles de laitue, les couper en fines lanières et les mélanger à la vinaigrette avant de les répartir dans les verres. Répartir les croquettes de jambon. Couper le piment en rondelles et en parsemer les croquettes.

ASTUCE

Dans la cuisine madrilène, on utilise toutes sortes de viande ou de poisson dans ces croquettes.

FOIE DE VEAU AUX CÈPES

6 PERS. | DIFFICILE | CHÈRE

Préparation : 20 min – Repos : 10 min – Cuisson : 10 min

50 G DE CÈPES / JUS DE CITRON / 1 GOUSSE D'AIL / 500 G DE FOIE DE VEAU / HUILE D'OLIVE / 1 CUIL. À SOUPE DE VINAIGRE BALSAMIQUE / 1 CUIL. À SOUPE DE VINAIGRE DE VIN BLANC / 20 G DE PIGNONS DE PIN / SEL, POIVRE.

o Nettoyer les cèpes en pelant la surface du pied afin d'ôter la terre. Rincer délicatement dans un saladier d'eau citronnée. Rincer plusieurs fois si nécessaire puis couper en lamelles. Peler l'ail et le presser.

o Faire revenir le foie dans un peu d'huile avec l'ail jusqu'à ce qu'il soit bien doré.

o Ajouter alors le vinaigre balsamique. Sortir du feu et couper en petits cubes. Assaisonner.

o Faire revenir dans la poêle les champignons 3 minutes, puis ajouter le foie 5 minutes en fin de cuisson.

o Bien mélanger, asperger du vinaigre de vin blanc et laisser refroidir.

o Servir dans des verres et parsemer de pignons de pin.

FOIE DE CANARD AU XÉRÈS

4 PERS. | FACILE | RAISONNABLE

Préparation : 15 min – Cuisson : 12 min

25 CL DE XÉRÈS / 350 G DE FOIE DE CANARD / 2 CUIL. À SOUPE D'HUILE D'OLIVE / 4 FEUILLES DE FRISÉE.

o Dans une casserole, faire chauffer à feu vif le xérès jusqu'à ébullition, puis laisser refroidir.

o Par ailleurs, couper les foies en fines lamelles et les faire revenir avec l'huile dans une poêle environ 10 minutes en les retournant pour qu'ils soient bien dorés.

o Laver les feuilles de salade et les couper en lanières puis les répartir dans les verres. Mélanger les foies au xérès et, quand ils sont refroidis, les placer sur la salade.

GAMBAS À L'AIL GRILLÉ

4 PERS. | FACILE | CHÈRE

Préparation : 20 min – Cuisson : 10 min

4 GOUSSES D'AIL / 12 GAMBAS CRUES / 3 CUIL. À SOUPE D'HUILE D'OLIVE / 10 CL DE VIN BLANC / 2 OIGNONS FRAIS / 1 PIMENT ROUGE / 1 PIMENT VERT.

o Peler les gousses d'ail, en ôter le germe et les couper en quatre. Décortiquer les gambas en gardant la queue.

o Dans une poêle, faire revenir l'ail à feu moyen dans de l'huile d'olive. Lorsque l'ail est doré, ajouter les gambas et faire revenir à feu vif 2 à 3 minutes. Ajouter le vin et laisser réduire. Placer les gambas sur du papier absorbant.

o Peler les oignons, épépiner et équeuter les piments et couper le tout en tout petits dés.

o Dans 4 verres, répartir le mélange oignons-piments puis les gambas.

Servir avec du pain de campagne grillé ou des morceaux de baguette.

KEFTAS DE POULET

8 PERS. | FACILE | RAISONNABLE

Préparation : 15 min – Cuisson : 15 min

1 OIGNON ROUGE / 1 BOUQUET DE CORIANDRE / 800 G D'ESCALOPE DE POULET / 2 CUIL. À SOUPE DE CHAPELURE / 2 ŒUFS / 15 CL D'HUILE D'OLIVE / 1 CUIL. À CAFÉ DE CUMIN MOULU / 1 CUIL. À CAFÉ DE QUATRE-ÉPICES / SEL, POIVRE.

o Peler l'oignon et le couper en petits cubes. Rincer la coriandre et la ciseler. Hacher le poulet et le mélanger avec l'oignon, la coriandre, la chapelure et les œufs.

o Ajouter 1 cuillerée à soupe d'huile puis le cumin et du quatre-épices. Saler et poivrer et mélanger consciencieusement.

o Se mouiller les mains pour former de petites boulettes. Les faire dorer dans le reste de l'huile (répartir l'huile pour chaque fournée). Cuire 5 minutes environ et placer sur du papier absorbant.

Servir avec de la pita (p. 140) et une sauce au yaourt légèrement pimentée.

MOULES AU VINAIGRE

4 PERS. | FACILE | RAISONNABLE

Préparation : 20 min – Repos : 3 h – Cuisson : 10 min

2 L DE MOULES / 2 BRINS DE PERSIL / 2 GOUSSES D'AIL / 1 CITRON NON TRAITÉ / 1 OIGNON ROUGE / 1 POIVRON ROUGE / 2 TOMATES / 8 OLIVES NOIRES / 8 OLIVES VERTES / 4 CUIL. À SOUPE D'HUILE D'OLIVE / 3 CUIL. À SOUPE DE VINAIGRE BALSAMIQUE / TROIS PINCÉES DE POIVRE NOIR.

o Rincer les moules en les frottant sous l'eau. Jeter celles qui sont ouvertes. Rincer le persil et le ciseler (en garder un peu pour la décoration). Peler l'ail, en ôter le germe et le couper en fines lamelles. Rincer le citron et le couper dans la longueur en six. Dans un faitout, faire cuire les moules avec le persil, l'ail, le citron et le poivre jusqu'à ce qu'elles s'ouvrent. Une fois cuites, les laisser refroidir.

o Pendant ce temps, peler et couper en cubes l'oignon rouge. Rincer le poivron et les tomates, les épépiner et les couper en petits dés. Dénoyauter les olives.

o Sortir les moules de leur coque et les mélanger à l'oignon, au poivron et aux tomates. Ajouter les olives, l'huile et le vinaigre.

o Placer au frais 2 à 3 heures avant de servir, en remuant de temps à autre.

NOIX, NOISETTES ET AUTRES FRUITS À COQUES AU CURRY

6 PERS. | FACILE | RAISONNABLE

Préparation : 10 min – Repos : 10 min – Cuisson : 25 min

500 G DE FRUITS À COQUES (AMANDES, NOIX DE PÉCAN, NOIX DE MACADAMIA, NOIX DE CAJOU) / 1 BLANC D'ŒUF / 2 CUIL. À SOUPE DE POUDRE DE CURRY / 1 CUIL. À CAFÉ DE CUMIN MOULU / 1 CUIL. À CAFÉ DE SEL.

o Répartir les fruits sur la lèchefrite. Les faire griller au four à 150 °C (th. 5) pendant 10 minutes. Les retourner de temps à autre.

o Battre le blanc d'œuf jusqu'à ce qu'il devienne mousseux. Le mélanger aux fruits avec les poudres de curry et de cumin. Saler et bien mélanger le tout.

o Remettre à griller 10 à 15 minutes supplémentaires, en remuant de temps à autre, puis laisser refroidir avant de servir dans des verres.

POIS CHICHES AU PERSIL ET AU RAISIN

OLIVES MARINÉES

OLIVES MARINÉES

4 PERS. | FACILE | PEU COÛTEUSE

Préparation : 10 min – Repos : 12 h – Cuisson : 5 min

2 GOUSSES D'AIL / 3 BRINS DE ROMARIN / 2 BRINS DE THYM / 2 PIMENTS ROUGES / 1 CITRON CONFIT / 200 G D'OLIVES KALAMATA / 200 G D'OLIVES VERTES / 20 CL D'HUILE D'OLIVE VIERGE / DEUX PINCÉES DE GRAINES DE FENOUIL.

o Peler l'ail et le presser. Effeuiller les brins de romarin et de thym. Épépiner les piments et le couper en fines rondelles. Couper le citron confit en petits quartiers.

o Placer les olives, l'huile, le romarin, le thym, le piment, le citron, l'ail et les graines de fenouil dans une casserole et cuire à feu doux pendant 5 minutes.

o Laisser ensuite mariner toute une nuit avant de servir dans 4 verres.

POIS CHICHES AU PERSIL ET AU RAISIN

4 PERS. | FACILE | PEU COÛTEUSE

Préparation : 10 min – Repos : 30 min – Cuisson : 6 min

20 G DE RAISINS SECS / 1 OIGNON / 1 GOUSSE D'AIL / 4 BRINS DE PERSIL / HUILE D'OLIVE / 400 G DE POIS CHICHES EN BOÎTE / 15 G DE PIGNONS DE PIN / SEL, POIVRE.

o Faire tremper les raisins dans de l'eau chaude pendant 30 minutes.

o Éplucher l'oignon et le couper en dés. Peler et ôter le germe de l'ail puis le presser. Rincer le persil et le ciseler. Faire revenir l'oignon et l'ail dans un peu d'huile d'olive à feu moyen pendant 3 minutes puis ajouter les pois chiches, le persil, les raisins préalablement égouttés et les pignons de pin. Saler et poivrer.

o Cuire pendant 3 autres minutes sans cesser de remuer. Laisser tiédir avant de servir dans des verres avec des petits pics apéritifs.

POMMES DE TERRE EN QUARTIERS

6 PERS. | FACILE | PEU COÛTEUSE

Préparation : 10 min – Repos : 15 min – Cuisson : 30 min

1 BOUQUET DE CIBOULETTE / 25 G DE CHAPELURE / 1 CUIL. À CAFÉ DE SEL DE CÉLERI / TROIS PINCÉES D'AIL EN POUDRE / 1 CUIL. À CAFÉ DE ROMARIN / 6 POMMES DE TERRE / 1 CUIL. À SOUPE D'HUILE D'OLIVE.

o Rincer la ciboulette et la ciseler. La mélanger avec la chapelure, le sel de céleri, l'ail en poudre et le romarin.

o Rincer les pommes de terre et les couper en 8 morceaux. Les disposer sur la lèchefrite, après les avoir badigeonnées d'huile et du mélange avec la chapelure. Cuire au four à 210 °C (th. 7) en les retournant de temps à autre.

o Laisser refroidir 15 minutes et servir dans des verres avec des petits bâtonnets pour les piquer dans les pommes de terre.

TORTILLA

4 PERS. | FACILE | PEU COÛTEUSE

Préparation : 10 min – Repos : 10 min – Cuisson : 10 min

1 KG DE POMMES DE TERRE / 10 CL D'HUILE D'OLIVE / 4 ŒUFS / FLEURS DE CIBOULETTE / SEL, POIVRE.

o Éplucher les pommes de terre et les couper en rondelles. Les faire cuire à feu doux dans l'huile pendant 15 minutes en remuant de temps à autre.

o Battre les œufs, saler et poivrer. Ôter l'huile de la poêle et mélanger les œufs battus avec les pommes de terre dans un saladier puis les replacer dans la poêle.

o Cuire à feu doux pendant 4 à 5 minutes puis glisser dans une grande assiette pour retourner l'omelette dans la poêle afin de la faire cuire de chaque côté.

o Laisser refroidir et couper en cubes.

o Présenter dans des verres avec des petits pics. Décorer de fleurs de ciboulette.

VIANDE DES GRISONS AUX RAISINS

4 PERS. | ÉLÉMENTAIRE | RAISONNABLE

Préparation : 10 min

8 TRANCHES DE VIANDE DES GRISONS / 40 G DE RAISINS SECS / 90 G DE FROMAGE FRAIS / POIVRE.

o Couper la viande des Grisons dans la largeur en 4 parties. Mélanger le fromage frais aux raisins et poivrer. Étaler le fromage avec les raisins dans chaque petite tranche de viande des Grisons et les rouler. Fixer avec des petits pics en bois.

TARTARES ET CARPACCIOS

o Le tartare et le carpaccio sont des préparations culinaires à base de chair crue.

o Le tartare, initialement bœuf haché cru, doit son nom aux Tartares, qui avaient coutume de manger la viande crue. Constitué de petits morceaux, il peut aussi être à base de poissons crus. On utilise même ce terme pour des légumes débités en petits morceaux et servis crus avec une sauce.

o Le terme de carpaccio est né dans les années 1960, à Venise, plus précisément au Harry's bar, où son propriétaire, Arrigo Cipriani, décide de donner à cette viande crue coupée en très fines lamelles le nom du peintre Vittore Carpaccio, qui aimait peindre dans les rouges. Le carpaccio est traditionnellement présenté à plat sur des assiettes. Servi dans des verres, il joue plutôt le jeu d'une chiffonnade aérienne, grâce à la finesse des tranches.

o S'associe au tartare et au carpaccio le ceviche, spécialité mexicaine et péruvienne, qui est une marinade de jus de citron vert et d'oignon. La viande est cuite par le citron, c'est aussi ce qui arrive à certains tartares ou carpaccios.

o Une règle d'or à ne pas oublier : les viandes et surtout les poissons doivent être d'une extrême fraîcheur et sont à proscrire pour les femmes enceintes.

CARPACCIO D'ANANAS ET DE LANGOUSTINES

4 PERS. | FACILE | RAISONNABLE

Préparation : 20 min – Repos : 1 h – Cuisson : 4 min

4 CM DE GINGEMBRE / 1 CITRON VERT / 1 PETIT PIMENT ROUGE / 9 CL D'HUILE D'OLIVE / 1 ANANAS / 2 BRINS D'ESTRAGON / 12 LANGOUSTINES CRUES / SEL, POIVRE.

o Éplucher le gingembre et le râper. Presser le citron. Épépiner le piment et le couper en fines lamelles. Dans un bol, mélanger le gingembre, l'huile d'olive (en garder l'équivalent de 2 cuillerées), le jus de citron vert, le piment.

o Peler l'ananas : couper la base et le plumet puis le poser debout et couper la peau de haut en bas. Ôter les yeux restés dans la chair avec un petit couteau. Le couper ensuite dans la largeur en très fines tranches à l'aide d'un large couteau. Disposer les tranches dans un plat et les couvrir de la sauce au gingembre. Laisser macérer 1 heure au réfrigérateur.

o Rincer l'estragon et le ciseler.

o Décortiquer les langoustines. Les cuire 3 à 4 minutes dans l'huile d'olive restante. Saler et poivrer. Transvaser les langoustines cuites dans un bol et les mélanger à l'estragon.

o Couper les tranches d'ananas en lamelles. Les disposer dans 4 verres puis répartir les langoustines.

CARPACCIO DE LOTTE SUR PÊCHE

4 PERS. | FACILE | RAISONNABLE

Préparation : 20 min – Congélation : 45 min

600 G DE LOTTE / 3 BRINS DE BASILIC / 1 CITRON / 2 CUIL. À SOUPE D'HUILE DE PÉPINS DE RAISIN / 4 PÊCHES DE VIGNE / SEL, POIVRE.

o Ôter la peau et les arêtes de la lotte et la rincer. La sécher à l'aide d'un papier absorbant et la placer au congélateur pendant 30 minutes pour en faciliter la coupe.
o Lorsqu'elle est durcie, couper la lotte sur une planche, à l'aide d'un couteau à lame large, en fines tranches en biais.
o Rincer le basilic et le ciseler (en garder quelques feuilles pour la décoration). Presser le citron et le mélanger à l'huile de pépins de raisin, au basilic puis saler et poivrer.
o Éplucher les pêches et les couper en fines tranches.
o Les disposer dans le fond des verres, couvrir des tranches de poisson en chiffonnade et verser la sauce. Décorer avec des feuilles de basilic.

CEVICHE DE CABILLAUD

4 PERS. | FACILE | RAISONNABLE

Préparation : 30 min – Repos : 3 h

5 CITRONS VERTS / 500 G DE FILET DE CABILLAUD / UNE PINCÉE DE PIMENT DE CAYENNE / 2 OIGNONS NOUVEAUX / 1 BOUQUET DE CORIANDRE / 1 BOTTE DE CIBOULETTE / 1 BOTTE DE RADIS / 1 CONCOMBRE / 1 CUIL. À SOUPE D'HUILE D'OLIVE / SEL, POIVRE.

o Presser le jus des citrons. Ôter la peau des filets si nécessaire et les rincer. Couper le poisson en petits dés et le mélanger au jus de citron avec le piment de Cayenne et un peu de sel et de poivre.
o Laisser mariner 2 à 3 heures au réfrigérateur en remuant de temps à autre.
o Peler les oignons et les émincer. Rincer la coriandre et la ciboulette et les ciseler. Rincer les radis, en couper les fanes et la racine puis les couper en lamelles. Éplucher le concombre, le couper en deux pour en ôter les pépins et le couper en petits dés.
o Ajouter au poisson les oignons, la coriandre, la ciboulette, les radis, le concombre et l'huile. Saler et poivrer. Bien mélanger.

Servir avec des tortillas de blé (p. 140).

DUO DE SAUMON FRAIS ET D'ARTICHAUTS

8 PERS. | FACILE | CHÈRE

Préparation : 20 min – Repos : 6 h

400 G DE FILET DE SAUMON FRAIS / 4 CITRONS / 1 CUIL. À CAFÉ DE POIVRE EN GRAINS / 240 G DE FONDS D'ARTICHAUT EN BOÎTE / 40 CL DE YAOURT GREC / 240 G DE CŒURS D'ARTICHAUT EN BOÎTE / SEL, POIVRE MOULU.

o Ôter la peau des filets de saumon si nécessaire et les couper en dés. Presser le jus des citrons. Dans un bol, placer les cubes de saumon avec le poivre en grains et couvrir de jus de citron. Remuer et garder au frais 5 à 6 heures en remuant de temps à autre, le citron doit « cuire » le poisson.

o Passer au mixeur les fonds d'artichaut avec le yaourt. Saler et poivrer.

o Dans des verres, disposer la mousse ainsi obtenue et répartir les dés de saumon en les surmontant de cœurs d'artichaut.

HARENG AUX LAMELLES DE FENOUIL

HARENG AUX LAMELLES DE FENOUIL

4 PERS. | DIFFICILE | PEU COÛTEUSE

Préparation : 20 min – Repos : 12 h

600 G DE FILETS DE HARENG / 3 CITRONS / 2 BULBES DE FENOUIL / 1 CUIL. À SOUPE DE JUS D'ORANGE / 2 CUIL. À SOUPE D'HUILE D'OLIVE / 25 CL DE CRÈME FRAÎCHE / UNE PINCÉE DE PAPRIKA / SEL, POIVRE FRAÎCHEMENT MOULU.

o Ôter la peau et les arêtes des filets puis les rincer et les essuyer dans du papier absorbant. Presser le jus de 2 citrons. Placer les filets dans un plat creux, y verser le jus des citrons, saler et poivrer. Couvrir d'un film transparent et faire macérer 12 heures au réfrigérateur.

o Une fois le hareng macéré, rincer les bulbes de fenouil, ôter les lamelles supérieures si elles sont tachées et garder les brindilles vertes pour la décoration. Le couper en fines lamelles.

o Presser le citron restant et le mélanger au jus d'orange et à l'huile d'olive. Saler et poivrer. Ajouter le fenouil.

o Couper les filets de hareng en tranches de 3 cm de large environ.

o Dans 4 verres, disposer les lamelles de fenouil, puis les tranches de hareng mariné.

o Saler et poivrer la crème fraîche puis la verser dans les verres. Saupoudrer de paprika et décorer de brins de fenouil avant de servir.

NOIX DE SAINT-JACQUES CRUES À L'HUILE D'ARGAN

4 PERS. | FACILE | CHÈRE

Préparation : 20 min

16 NOIX DE SAINT-JACQUES TRÈS FRAÎCHES / 4 CUIL. À SOUPE D'HUILE D'ARGAN / 2 CUIL. À SOUPE DE VINAIGRE BALSAMIQUE / 3 BRINS DE THYM CITRONNÉ / 100 G DE MÂCHE / SEL, POIVRE.

o Rincer les noix de Saint-Jacques et les couper en trois dans la largeur.

o Dans un bol, mélanger l'huile d'argan avec le vinaigre balsamique et le thym émietté. Saler et poivrer.

o Rincer la mâche et en couper les racines.

o Placer la mâche dans les verres. Verser la moitié de la vinaigrette puis disposer les noix de Saint-Jacques en éventails sur la mâche et répartir le reste de la vinaigrette.

TARTARE DE LÉGUMES CROQUANTS

4 PERS. | FACILE | PEU COÛTEUSE

Préparation : 20 min

2 CITRONS / 1 POIVRON ROUGE / 1 POIVRON JAUNE / 1 COURGETTE / 1 OIGNON ROUGE / 1 ÉCHALOTE / 4 TOMATES EN GRAPPE / 1 BOUQUET DE PERSIL PLAT / 15 RADIS / 4 CUIL. À SOUPE D'HUILE D'OLIVE / 2 BRANCHES DE THYM CITRONNÉ / SEL, POIVRE.

o Presser les citrons. Ôter les queues des poivrons et les évider. Rincer la courgette et en couper les extrémités. Peler l'oignon et l'échalote. Monder les tomates en enlevant la peau (après les avoir plongées dans l'eau bouillante), les pépins et les pédoncules. Rincer le persil plat et le ciseler.

o Couper les fanes et les racines des radis et les couper en lamelles. Couper, en les séparant, les poivrons, la courgette, les tomates, l'oignon et l'échalote en petits dés.

o Dans 4 verres, répartir les dés de poivron rouge, puis les couvrir de dés de courgette. Ajouter ensuite les radis, l'oignon rouge, le poivron jaune, le persil, les tomates et l'échalote.

o Dans un bol, mélanger le jus de citron avec l'huile d'olive et le thym citronné. Saler et poivrer. Répartir l'assaisonnement sur les légumes.

Servir avec du pain de campagne grillé.

TARTARE D'AVOCAT ET DE CRABE AUX POMELOS

4 PERS. | FACILE | RAISONNABLE

Préparation : 20 min

2 CITRONS VERTS NON TRAITÉS / 2 POMELOS ROSES / 8 BRINS DE CIBOULETTE / 250 G DE CHAIR DE CRABE / 4 CUIL. À SOUPE DE CRÈME FRAÎCHE ÉPAISSE / TABASCO / 3 AVOCATS MÛRS / SEL, POIVRE.

o Prélever le zeste des citrons verts et en presser le jus.

o Peler à vif les pomelos et couper les quartiers en trois. Rincer et ciseler la ciboulette. La mélanger à la chair de crabe avec le zeste des citrons, la crème fraîche et quelques gouttes de Tabasco. Saler et poivrer.

o Peler et dénoyauter les avocats puis les couper en dés. Les arroser du jus de citron vert, saler et poivrer. Répartir les avocats dans les verres, puis le crabe et enfin les pomelos.

Servir avec des blinis *(p. 136).*

TARTARE D'AVOCAT ET DE CRABE AUX POMELOS

TARTARE DE LÉGUMES CROQUANTS

THON CRU AU WASABI ET AU CITRON VERT

4 PERS. | DIFFICILE | RAISONNABLE

Préparation : 30 min – Repos : 12 h

3 CM DE GINGEMBRE / 300 G DE PAVÉ DE THON / 10 CL DE SAUCE DE SOJA / 25 CL D'HUILE DE TOURNESOL / 2 CITRONS VERTS NON TRAITÉS / 1 JAUNE D'ŒUF / 1 CUIL. À SOUPE DE MOUTARDE FORTE / 2 CUIL. À SOUPE DE WASABI / 1/2 RADIS NOIR / GRAINES DE SÉSAME / SEL, POIVRE.

o Éplucher et couper en fines lamelles le gingembre.
o Couper le thon en cubes et le faire mariner pendant 12 heures dans la sauce de soja avec 10 cl d'huile, le gingembre et un peu de poivre.
o Lorsque le thon est prêt, rincer les citrons verts et en prélever le zeste puis les presser.
o Faire ensuite la mayonnaise : dans un bol, mélanger au batteur le jaune d'œuf avec la moutarde, du sel, du poivre et un peu d'huile. Tout en continuant de battre, verser peu à peu le restant de l'huile. Ajouter ensuite le wasabi et le zeste de citron vert.
o Éplucher le radis noir et l'émincer à l'aide d'un épluche-légumes pour obtenir des tranches très fines. Les tremper rapidement dans le jus de citron vert et le répartir dans 4 verres. Y coucher ensuite les cubes de thon d'un côté, la mayonnaise de l'autre.
o Saupoudrer de graines de sésame.

TARTARE D'ÉGLEFIN AU CHOU CROQUANT

4 PERS. | FACILE | RAISONNABLE

Préparation : 15 min – Repos : 3 h

300 G DE FILET D'ÉGLEFIN / 4 CITRONS / 1 CUIL. À CAFÉ DE BAIES DE GENIÈVRE / 1 CŒUR DE CHOU VERT / 1 CUIL. À SOUPE DE RAISINS SECS / 10 CL DE CRÈME FRAÎCHE LIQUIDE / 4 BRINS DE CORIANDRE / SEL, POIVRE FRAÎCHEMENT MOULU.

o Rincer et couper les filets d'églefin en cubes en ôtant les arêtes. Presser le jus des citrons et le mélanger au poisson avec les baies de genièvre, un peu de sel et du poivre. Laisser mariner pendant 3 heures en remuant de temps à autre.

o Rincer le cœur de chou et, après avoir ôté le trognon dur, couper en fines lamelles à l'aide d'un couteau à large lame. Le mélanger aux raisins secs.

o Répartir le chou dans les verres. Sortir le poisson de la marinade et y ajouter la crème fraîche liquide. Bien mélanger, ajuster l'assaisonnement et verser le poisson et sa sauce dans les verres.

o Décorer avec la coriandre.

VERRES TAHITIENS

8 PERS. | FACILE | RAISONNABLE

Préparation : 25 min – Repos : 12 h

1 CONCOMBRE / 1 POIVRON ROUGE / 1 OIGNON ROUGE / 6 CITRONS VERTS / 500 G DE FILET DE POISSON BLANC TYPE MERLAN / 500 G DE FILET DE SAUMON FRAIS / 30 CL DE CRÈME DE COCO / SEL, POIVRE.

o Épépiner et éplucher le concombre. Épépiner le poivron. Couper le concombre et le poivron en petits dés. Peler l'oignon rouge et le couper également en petits dés. Presser le jus des citrons verts.

o Ôter la peau des filets de poisson s'il y a lieu et les couper en dés. Les disposer dans un bol avec le jus des citrons, l'oignon, la crème de coco, la moitié du poivron et la moitié du concombre.

o Bien mélanger et garder au réfrigérateur 12 heures en remuant de temps à autre.

o Servir dans des verres en parsemant du reste des dés de concombre et de poivron.

TARTARE D'ÉGLEFIN AU CHOU CROQUANT

TRIO DE POISSONS À LA ROQUETTE

6 PERS. | DIFFICILE | CHÈRE

Préparation : 30 min – Repos : 20 min

8 CITRONS / 1 PETIT FENOUIL / 3 BRINS D'ANETH / 250 G DE FILET DE THON / 250 G DE FILET DE BROCHET / 250 G DE FILET DE SAUMON / 6 CUIL. À SOUPE D'HUILE D'OLIVE / 1 CUIL. À SOUPE DE CÂPRES / 3 CM DE GINGEMBRE / 5 CL DE SAUCE DE SOJA / 1 OIGNON ROUGE / 400 G DE ROQUETTE / SEL, POIVRE.

o Presser le jus des citrons. Rincer le bulbe de fenouil et l'émincer. Rincer l'aneth et le ciseler, en garder un peu pour la présentation.
o Ôter la peau des filets si nécessaire, et les couper en petites pièces, les réserver séparément. Répartir le jus de citron sur les poissons, remuer puis ajouter l'huile d'olive.
o Ajouter le fenouil au brochet, les câpres et l'aneth au saumon. Garder au frais une vingtaine de minutes en remuant de temps à autre.
o Pendant ce temps, éplucher et râper le gingembre et le mélanger à la sauce de soja. Peler l'oignon et le couper en petits dés. Rincer la roquette et la hacher grossièrement. La disposer dans le fond des verres avec l'oignon, puis y placer le thon et le couvrir de la sauce de soja mélangée au gingembre.
o Disposer ensuite le saumon et enfin le brochet. Décorer avec l'aneth réservé.

ET DES MINIBROCHETTES

o Pour les minibrochettes, vous avez besoin de petits pics en bois. Coupez en deux de grands pics si nécessaire à moins d'utiliser de grands verres...

o Froides, ces petites brochettes peuvent alterner crevette, feuille de menthe et concombre ou tomate, mozzarella et feuille de basilic ou bien encore du jambon de pays avec de la feta et du melon.

o Pour les brochettes cuites, il faut laisser tremper au moins 30 minutes les pics en bois dans l'eau pour éviter qu'ils ne brûlent au moment de la cuisson. Vous pouvez en profiter pour aromatiser l'eau de trempage, ce qui donnera du goût à votre minibrochette.

o Le pic en bois peut aussi être remplacé par une branche de romarin. Prenez garde, cependant, à ne pas utiliser n'importe quel bois pour les brochettes ; le bois de laurier, par exemple, est toxique.

o La marinade des brochettes permet de les attendrir mais aussi de leur donner un goût particulier.

o Pour les présenter, attendez que les brochettes refroidissent un peu avant de les placer dans les verres. Vous pouvez rouler dans le verre une feuille de bananier ou bien une feuille de salade pour décorer. Les sauces dans les fonds des verres permettent à chacun d'assaisonner ses brochettes.

MINIBROCHETTES DE TOFU AU CURRY

6 PERS. | DIFFICILE | RAISONNABLE

Préparation : 20 min – Repos : 10 min – Cuisson : 20 min

200 G DE LENTILLES CORAIL / 2 CUIL. À SOUPE DE PÂTE DE CURRY / 2 CUIL. À SOUPE D'HUILE DE CACAHUÈTE / 350 G DE TOFU FERME / 1 ÉCHALOTE / 6 PETITS OIGNONS FRAIS / 6 BRINS DE CORIANDRE / 4 CUIL. À SOUPE D'HUILE D'OLIVE / 12 TOMATES CERISE / SEL, POIVRE.

- Rincer les lentilles et les cuire dans l'eau, à couvert, pendant 20 minutes.
- Faire tremper dans l'eau froide les pics en bois qui serviront aux minibrochettes.
- Mélanger la pâte de curry et l'huile dans un bol. Couper le tofu en cubes. Les placer dans un plat et les couvrir de la sauce au curry. Laisser mariner pendant 10 minutes.
- Peler l'échalote et les oignons frais. Couper ces derniers en deux.
- Rincer la coriandre. Mixer les lentilles, l'échalote et la coriandre.
- Avec une cuillère, ajouter l'huile d'olive jusqu'à ce que le tout soit bien lié. Assaisonner.
- Embrocher sur les pics en bois les cubes de tofu avec les demi-oignons et les tomates cerise. Les faire griller 2 à 3 minutes de chaque côté au gril ou au barbecue.
- Répartir la sauce aux lentilles dans les verres et disposer les minibrochettes.

MINIBROCHETTES DE NOIX DE SAINT-JACQUES ET DE LOTTE

4 PERS. | DIFFICILE | RAISONNABLE

Préparation : 30 min – Cuisson : 10 min

1 BOUQUET DE PERSIL PLAT / 2 CUIL. À SOUPE DE MARJOLAINE / LE JUS DE 1/2 CITRON / 9 CL D'HUILE D'OLIVE / 12 PETITES BRANCHES DE ROMARIN / 500 G DE LOTTE / 12 NOIX DE SAINT-JACQUES / 8 FEUILLES DE LAITUE ROMAINE / SEL.

o Rincer le persil plat et le ciseler. Écraser dans un mortier la marjolaine avec un petit peu de sel. Ajouter le jus de citron, l'huile d'olive (en garder un peu pour enduire les brochettes) et le persil.

o Enlever les feuilles de romarin des branches à l'exception de l'extrémité de chacune d'entre elles.

o Couper la lotte en cubes et embrocher sur les tiges de romarin 1 noix de Saint-Jacques entre 2 cubes de lotte. Au pinceau, les enduire d'huile d'olive.

o Cuire les brochettes au barbecue ou sous le gril du four 3 à 4 minutes de chaque côté.

o Rincer les feuilles de laitue romaine et les couper en lamelles. Répartir ces dernières dans 4 verres. Y verser un peu de sauce à la marjolaine et y disposer les minibrochettes.

MINIBROCHETTES DE THON AUX ÉPICES MAROCAINES

6 PERS. | DIFFICILE | RAISONNABLE

Préparation : 15 min – Repos : 15 min – Cuisson : 10 min

800 G DE PAVÉ DE THON / 1 CITRON NON TRAITÉ / 13 CL D'HUILE D'OLIVE / 4 CUIL. À CAFÉ DE CUMIN EN POUDRE / 1 BOUQUET DE PERSIL PLAT / 1 BOUQUET DE CORIANDRE / 4 GOUSSES D'AIL / 1/2 CUIL. À CAFÉ DE CORIANDRE MOULUE / 2 CUIL. À CAFÉ DE PAPRIKA / UNE PINCÉE DE PIMENT DE CAYENNE / SEL, POIVRE.

o Faire tremper 18 petits pics en bois qui serviront aux brochettes.

o Couper le thon en cubes et le placer dans un plat. Râper le zeste du citron et le presser.

o Dans un bol, mélanger 2 cuillerées d'huile d'olive, 1 cuillerée à café de cumin et le zeste de citron. Verser sur le thon, bien mélanger et laisser mariner pendant 15 minutes.

o Rincer le persil et la coriandre et les ciseler. Peler l'ail, en ôter le germe et le presser.

o Dans une poêle, faire revenir le reste du cumin, la coriandre moulue, le paprika et le piment de Cayenne pendant 30 secondes à feu moyen. Puis ajouter l'ail, le persil, la coriandre, le jus du citron et le reste d'huile. Cuire 4 minutes sans cesser de remuer.

o Embrocher les cubes de thon sur les petits pics et faire cuire au barbecue ou sous le gril 1 à 2 minutes sur chaque côté.

o Dans les verres, répartir la sauce et disposer les minibrochettes.

Servir avec de la pita (p. 140).

MINIBROCHETTES DE NOIX DE SAINT-JACQUES ET DE LOTTE

MINIBROCHETTES DE POULET AU GINGEMBRE

6 PERS. | DIFFICILE | RAISONNABLE

Préparation : 30 min – Repos : 6 h – Cuisson : 30 min

3 ESCALOPES DE POULET / 1 MORCEAU DE GINGEMBRE DE 7 CM / 100 G DE PETITS PIMENTS ROUGES / 4 ÉCHALOTES / 3 GOUSSES D'AIL / 10 CL D'HUILE VÉGÉTALE / 3 CUIL. À SOUPE DE SUCRE DE CANNE / 2 CUIL. À SOUPE DE TAMARIN DÉNOYAUTÉ EN PÂTE / 1 CUIL. À SOUPE DE SAUCE DE SOJA / TROIS PINCÉES DE SEL.

o Laisser tremper dans l'eau froide des petits pics en bois qui serviront à confectionner les brochettes.

o Couper le poulet en morceaux. Éplucher le gingembre et le râper ou le passer au mixeur. En badigeonner le poulet et laisser macérer 6 heures au réfrigérateur.

o Dans un wok, faire revenir à feu doux les piments pendant 5 minutes puis les placer sur une assiette.

o Couper les échalotes et l'ail dans la longueur en quatre en gardant la peau. Faire griller au wok à feu moyen pendant environ 10 minutes puis les laisser refroidir dans une assiette.

o Pendant ce temps, épépiner les piments et les couper en fines lamelles.

o Peler les échalotes et l'ail. Passer au mixeur avec les piments.

o Ajouter la moitié de l'huile pour obtenir une pâte onctueuse.

o Faire revenir dans le wok avec le reste de l'huile la pâte ainsi obtenue. Faire revenir pendant 5 à 10 minutes, jusqu'à ce que la pâte brunisse.

o Mélanger le sucre, le sel, la pâte de tamarin, la sauce de soja et ajouter le tout à la pâte de piments.

o Piquer 2 ou 3 morceaux de poulet sur les brochettes et les faire cuire sous le gril du four ou au barbecue en les retournant fréquemment.

o Bien mélanger. Répartir la sauce dans les verres. Disposer les brochettes dans les verres, l'extrémité des brochettes trempant dans la sauce.

MINIBROCHETTES DE POULET À LA PERSANE

6 PERS. | FACILE | RAISONNABLE

Préparation : 15 min – Repos : 12 h – Cuisson : 15 min

4 GOUSSES D'AIL / 4 ESCALOPES DE POULET / 2 CUIL. À CAFÉ DE CARDAMOME MOULUE / 1/2 CUIL. À CAFÉ DE CURCUMA / 1 CUIL. À CAFÉ DE TOUTE-ÉPICE (PIMENT DE LA JAMAÏQUE) / LE JUS DE 1 CITRON / 6 CL D'HUILE D'OLIVE / 2 YAOURTS NATURE / 1 CITRON / SEL, POIVRE.

o Peler l'ail, en ôter le germe et le presser. Couper le poulet en cubes. Mélanger la cardamome avec le curcuma, la toute-épice, l'ail, le jus de citron et l'huile d'olive. Saler, poivrer et y faire macérer le poulet pendant 12 heures au réfrigérateur.

o Faire griller au barbecue ou sous le gril du four pendant 4 minutes de chaque côté.

o Battre le yaourt à la fourchette, saler, poivrer et le répartir dans les verres avant d'y disposer les minibrochettes avec 1 rondelle de citron.

Servir avec de la pita (p. 140).

MINIBROCHETTES D'AGNEAU À L'AÏOLI PIMENTÉ

4 PERS. | DIFFICILE | CHÈRE

Préparation : 25 min – Repos : 5 h – Cuisson : 10 min

700 G D'AGNEAU DANS LE GIGOT / 1 CUIL. À CAFÉ DE GRAINS DE POIVRE / 3 GOUSSES D'AIL / 2 CITRONS / 15 CL D'HUILE D'OLIVE / 2 CUIL. À SOUPE DE MOUTARDE / 1 CUIL. À SOUPE D'ORIGAN / 1 JAUNE D'ŒUF / 2 PETITS PIMENTS ROUGES / SEL, POIVRE.

o Couper l'agneau en cubes et le placer dans un plat. Écraser le poivre dans un mortier. Peler les gousses d'ail, en enlever le germe et les presser. Presser également les citrons. Mélanger la moitié de l'huile d'olive, l'ail (en garder un tiers), du poivre, 1 cuillerée de moutarde et l'origan. Verser cette marinade sur l'agneau. Bien mélanger pour qu'il s'en imprègne bien puis garder couvert au moins 5 heures au réfrigérateur, en remuant de temps à autre.

o Tremper 12 petits pics à brochettes en bois dans l'eau froide.

o Dans un bol, placer le jaune d'œuf pour qu'il soit à température ambiante. Épépiner les piments et les couper en lamelles très fines. Ajouter la moutarde restante au jaune d'œuf et 1 cuillerée à soupe d'huile d'olive. Saler et poivrer. Au batteur électrique ou à la main (il faut alors tourner la cuillère toujours dans le même sens), mélanger le tout en ajoutant le reste de l'huile d'olive au fur et à mesure. Ajouter le reste de l'ail pressé et le piment. Bien mélanger.

o Embrocher les cubes d'agneau sur les pics et les cuire au barbecue ou sous le gril 4 à 5 minutes de chaque côté.

o Répartir l'aïoli pimenté dans 4 verres et y disposer les minibrochettes.

MINIBROCHETTES DE PORC ÉPICÉ

6 PERS. | DIFFICILE | RAISONNABLE

Préparation : 20 min – Repos : 24 h – Cuisson : 15 min

500 G DE PORC MAIGRE / 3 BRINS DE PERSIL / 2 GOUSSES D'AIL / 4 CUIL. À SOUPE D'HUILE D'OLIVE / 2 CUIL. À SOUPE DE VINAIGRE DE VIN BLANC / 1/2 CUIL. À CAFÉ DE CUMIN / 3 CUIL. À CAFÉ DE PAPRIKA / 4 TOMATES EN GRAPPE / TABASCO / SEL, POIVRE.

o Couper le porc en cubes. Rincer le persil et le ciseler. Peler les gousses d'ail, en ôter le germe et le presser. Dans un saladier, mélanger l'huile, le vinaigre, l'ail, le persil avec le cumin et 1 cuillerée de paprika. Y faire macérer les cubes de porc 24 heures dans le réfrigérateur en mélangeant régulièrement.

o Placer des pics en bois pour grillade dans de l'eau froide pendant 10 minutes. Y embrocher les cubes de viande et cuire au barbecue ou sous le gril du four.

o Plonger les tomates dans l'eau bouillante et les peler. En ôter les pédoncules et les mixer avec un peu de sel, du poivre et quelques gouttes de Tabasco.

o Servir les minibrochettes dans des verres avec, dans le fond, la sauce de tomate fraîche au Tabasco.

Accompagner de chips de légumes (p. 136).

MINIBROCHETTES D'AGNEAU AU PAPRIKA

6 PERS. | FACILE | CHÈRE

Préparation : 15 min – Repos : 15 min – Cuisson : 10 min

1 KG D'AGNEAU DANS LE GIGOT / 2 CITRONS / 6 CL D'HUILE D'OLIVE / 2 CUIL. À CAFÉ DE PIMENT DE CAYENNE / 3 TOMATES / 1 CONCOMBRE / 1 BOUQUET DE MENTHE / 2 YAOURTS / SEL, POIVRE.

o Faire tremper 18 petits pics en bois dans de l'eau froide. Couper l'agneau en cubes. Presser les citrons.

o Dans un bol, mélanger le jus de citron, l'huile et le piment. Saler et poivrer. Placer les cubes d'agneau dans ce mélange en remuant de temps à autre pendant 15 minutes.

o Rincer les tomates, les épépiner et en ôter les pédoncules. Les couper en petits dés. Éplucher le concombre, le couper en deux dans la longueur pour en retirer les pépins et le couper en petits dés. Rincer et ciseler la menthe. Mélanger au yaourt les tomates, le concombre et la menthe. Saler et poivrer.

o Embrocher les cubes d'agneau sur les pics en bois et les faire cuire au barbecue 4 à 5 minutes de chaque côté.

o Répartir dans 6 verres la sauce à la menthe et y disposer les minibrochettes.

MINIBROCHETTES DE BŒUF À LA MENTHE

6 PERS. | DIFFICILE | CHÈRE

Préparation : 20 min – Repos : 2 h – Cuisson : 10 min

3 CITRONS / 500 G DE BŒUF MAIGRE / 6 CL D'HUILE D'OLIVE / 1 CUIL. À CAFÉ DE ROMARIN / 1 PETIT OIGNON ROUGE / 1 COURGETTE / 1 GOUSSE D'AIL / 1/2 CONCOMBRE / 3 BRINS DE MENTHE / 250 G DE YAOURT NATURE / SEL, POIVRE.

o Presser les citrons. Couper la viande en cubes et la disposer dans un plat. Mélanger l'huile d'olive, le jus des citrons et le romarin. Verser sur la viande. Couvrir et garder au frais pendant 2 heures.

o Faire tremper les 18 petits pics en bois pour les brochettes dans de l'eau froide.

o Peler l'oignon et le couper en morceaux pour pouvoir les embrocher. Rincer la courgette et la couper en deux dans la longueur puis en tranches.

o Peler l'ail et en ôter le germe. Éplucher le concombre et l'épépiner. Le couper en morceaux. Rincer la menthe et la ciseler. Mixer le yaourt avec l'ail, le concombre et la menthe. Saler et poivrer.

o Sur les pics, embrocher les cubes de viande avec des morceaux d'oignon et de courgette.

o Cuire au barbecue ou sous le gril dans le four en retournant les brochettes jusqu'à ce qu'elles soient bien dorées.

o Verser dans 6 verres la sauce à la menthe et disposer les minibrochettes de bœuf.

MINIBROCHETTES DE PORC SATAY

6 PERS. | **DIFFICILE** | **RAISONNABLE**

Préparation : 30 min – Repos : 2 h – Cuisson : 25 min

450 G DE PORC MAIGRE / 3 GOUSSES D'AIL / 3 CM DE GINGEMBRE / 1 TIGE DE CITRONNELLE / 1 CUIL. À SOUPE DE PÂTE DE CURRY / 1 CUIL. À CAFÉ DE CUMIN MOULU / 1 CUIL. À CAFÉ DE CURCUMA / 1 CUIL. À SOUPE DE CRÈME DE NOIX DE COCO / 1 CUIL. À SOUPE DE SAUCE DE POISSON / 1 CUIL. À CAFÉ DE SUCRE EN POUDRE.

POUR LA SAUCE : 13 CL DE VINAIGRE BLANC / 100 G DE SUCRE EN POUDRE / 1 CONCOMBRE / 2 ÉCHALOTES / 1 PIMENT ROUGE.

o Couper le porc en cubes de 4 cm. Peler, ôter le germe et presser l'ail. Éplucher le gingembre et le râper. Ôter les feuilles supérieures de la citronnelle, en couper la base et la ciseler.

o Dans un saladier, mélanger les cubes de porc avec l'ail, le gingembre, la citronnelle, la pâte de curry, le cumin, le curcuma, la crème de coco, la sauce de poisson et le sucre. Laisser mariner pendant 2 heures. Faire également tremper les bâtonnets qui serviront aux brochettes dans l'eau froide.

o Pendant ce temps, dans une casserole, mélanger le vinaigre blanc et le sucre à feu moyen en remuant, jusqu'à ce que le sucre soit dissous. Laisser refroidir. Rincer le concombre et le couper dans la longueur en deux puis en fines lamelles. Éplucher les échalotes et les émincer. Épépiner le piment et le couper en fines rondelles. Mélanger le concombre, les échalotes et le piment avec le vinaigre. Répartir la sauce ainsi obtenue dans 6 verres.

o Embrocher les cubes de viande marinée sur les pics en bois et les faire cuire sous le gril du four ou sur un barbecue. Les disposer en éventail dans les verres où se trouve la sauce.

 GOUGÈRES AU COMTÉ P. 137

À déguster

en accompagnement

BLINIS

6 PERS. | DIFFICILE | RAISONNABLE

Préparation : 15 min – Repos : 4 h – Cuisson : 20 min

40 CL DE LAIT / 15 G DE LEVURE DE BOULANGER FRAÎCHE / 250 G DE FARINE DE SARRASIN / 80 G DE FARINE DE FROMENT / 40 CL DE CRÈME FRAÎCHE / 30 G DE BEURRE / 5 ŒUFS / 5 CUIL. À SOUPE D'HUILE / 1/2 CUIL. À CAFÉ DE SEL.

o Réchauffer le lait pour qu'il soit tiède et y dissoudre la levure. Dans un saladier, mélanger les farines avec le sel. Faire un puits dans la farine et y verser le lait avec la levure. Mélanger le tout à l'aide d'un fouet en tournant du centre vers l'extérieur.

o Ajouter la crème fraîche, le beurre coupé en petits morceaux et les jaunes d'œufs (réserver les blancs). Bien mélanger et laisser reposer 3 à 4 heures.

o Battre alors les blancs d'œufs en neige et les incorporer délicatement à la pâte.

o Faire chauffer une poêle antiadhésive (de préférence à blinis) et y faire cuire après avoir graissé les poêles à l'huile, les blinis de chaque côté jusqu'à ce qu'ils soient bien dorés.

CHIPS DE LÉGUMES

8 PERS. | FACILE | PEU COÛTEUSE

Préparation : 20 min – Cuisson : 5 min (Pour remplir un saladier)

500 G DE POMMES DE TERRE / 500 G DE PATATES DOUCES / 500 G DE BETTERAVES / 500 G DE NAVETS / SEL.

o Éplucher les légumes et les couper en fines lamelles à l'aide d'un épluche-légumes (on obtient alors des chips fines qui cuisent très rapidement mais peuvent aussi brûler plus facilement) ou d'un couteau bien aiguisé. Faire frire dans de l'huile chauffée à 190 °C (pour s'assurer que l'huile est à la bonne température, plonger un petit morceau de pain, il doit être doré en une dizaine de secondes). Faire frire par fournées tous les légumes pendant 30 secondes environ.

o Les égoutter et les placer sur du papier ménager absorbant. Saler avant de servir.

FEUILLETÉS AUX ANCHOIS

4 PERS. | FACILE | PEU COÛTEUSE

Préparation : 30 min – Cuisson : 10 min

DEUX GRANDES FEUILLES DE PÂTE FEUILLETÉE / 30 À 40 FILETS D'ANCHOIS À L'HUILE / 1 ŒUF BATTU / HUILE.

o Déposer une des feuilles de pâte feuilletée sur un plan de travail fariné. Y disposer les filets d'anchois dans le même sens, de façon à couvrir toute la surface de la pâte. Déposer au-dessus l'autre feuille et écraser délicatement à l'aide d'un rouleau à pâtisserie.

o Battre l'œuf et l'étaler au pinceau au-dessus de la pâte. Couper en lanières de 2 cm de large et de 7 de long.

o Huiler la lèchefrite et y déposer les petits feuilletés. Imbiber un papier absorbant d'huile et le passer sur une grille à four. Poser cette dernière sur les feuilletés pour les maintenir pendant la cuisson.

o Cuire pendant 10 minutes environ dans le four à 210 °C (th. 7). Laisser un peu refroidir et servir dans des verres en accompagnement.

PETITES GOUGÈRES AU COMTÉ

6 PERS. | DIFFICILE | RAISONNABLE

Préparation : 20 min – Cuisson : 30 min

200 G DE COMTÉ / 75 G DE BEURRE / 150 G DE FARINE / 3 ŒUFS / TROIS PINCÉES DE NOIX DE MUSCADE / SEL.

o Râper le comté.

o Dans une casserole, faire fondre le beurre à feu très doux puis ajouter 25 cl d'eau avec une pincée de sel. Augmenter le feu pour porter à ébullition puis sortir du feu et y mélanger l'ensemble de la farine, tamisée. Bien tourner jusqu'à ce que la pâte se détache des parois de la casserole.

o Ajouter les œufs un à un sans cesser de mélanger puis le comté et enfin la noix de muscade.

o Couvrir la plaque du four de papier sulfurisé et faire des petites boules avec la pâte de la taille d'une prune.

o Cuire à 180 °C (th. 6) pendant 20 à 30 minutes.

GRESSINS

10 PERS. | DIFFICILE | PEU COÛTEUSE

Préparation : 40 min – Repos : 1 h 10 min – Cuisson : 25 min

30 G DE LEVURE DE BOULANGER / 500 G DE FARINE / 5 CUIL. À SOUPE D'HUILE D'OLIVE / 1/4 DE CUIL. À CAFÉ DE SEL.

o Diluer la levure dans 30 cl d'eau tiède. Passer la farine au tamis dans un saladier et creuser un puits au milieu. Y mettre la levure diluée. Mélanger rapidement et, lorsque la pâte est homogène, ajouter 3 cuillerées à soupe d'huile d'olive et le sel. Pétrir pendant 15 minutes puis badigeonner d'huile et laisser monter, à couvert, dans un endroit chaud pendant 1 heure. Le volume doit doubler.

o Étaler la pâte à gressins et la couper en 2 rectangles. Puis en petites bandes de 1 cm de large. Les étirer pour qu'ils fassent 30 cm de long. Les couper en deux pour les mini-gressins.

o Les disposer sur la plaque du four bien séparés. Badigeonner d'huile d'olive. Laisser monter 10 minutes dans le four à 30 °C (th. 1).

o Puis sortir du four le temps de monter la température de celui-ci à 210 °C (th. 7).

o Cuire 15 minutes. Laisser refroidir sur une grille.

ASTUCE

On peut, avant la cuisson, couvrir les gressins avec des graines de sésame ou de la fleur de sel.

PARCHEMINS AUX HERBES

4 PERS. | DIFFICILE | RAISONNABLE

Préparation : 20 min – Cuisson : 8 min

4 CUIL. À SOUPE D'HUILE D'OLIVE / 120 G DE FARINE / 4 BRINS DE ROMARIN / 4 BRINS DE PERSIL / 4 BRINS DE MENTHE / 1 OIGNON FRAIS / SEL.

o Mélanger 2 cuillerées à soupe d'huile d'olive avec la farine pour lui donner un consistance sableuse.

o Rincer les herbes et peler l'oignon. Les mixer ensemble. Ajouter 1 cuillerée à soupe d'eau et le reste de l'huile. Saler.

o Bien mélanger le tout à la farine. Ajouter 1 cuillerée d'eau si nécessaire et pétrir pendant 1 à 2 minutes.

o Séparer la pâte en 16 boules et les étaler en les plaçant entre 2 feuilles de papier sulfurisé. Les parchemins doivent être très fins.

o Graisser le plateau du four. Ôter le papier sulfurisé et faire cuire les parchemins à plat, 8 minutes à 180 °C (th. 6).

PAPILLOTES D'EMMENTAL

6 PERS. | FACILE | RAISONNABLE

Préparation : 10 min – Cuisson : 10 min

250 G D'EMMENTAL / 12 FEUILLES DE BRICK / 2 CUIL. À CAFÉ DE ROMARIN / 2 BLANCS D'ŒUFS.

o Couper le fromage en petits dés. Couper délicatement les feuilles de brick en quatre avec une paire de ciseaux. Placer le fromage au centre de chaque morceau de feuille et saupoudrer d'un peu de romarin. Replier les feuilles de brick et les souder en appliquant du blanc d'œuf au pinceau.

o Faire frire jusqu'à ce que les papillotes soient bien dorées.

PITA

6 PERS. | DIFFICILE | PEU COÛTEUSE

Préparation : 15 min – Repos : 2 h 40 min – Cuisson : 7 min par pain

10 G DE LEVURE FRAÎCHE / 400 G DE FARINE TYPE 65 / 1 CUIL. À SOUPE D'HUILE D'OLIVE / 1 CUIL. À CAFÉ DE SEL.

o Délayer la levure dans 25 cl d'eau tiède. Mélanger la farine et le sel puis incorporer la levure délayée, bien mélanger. Ajouter ensuite l'huile d'olive et pétrir pendant 10 minutes environ. Laisser la pâte reposer 2 heures en la couvrant d'un linge propre.

o Diviser la pâte en 8 boules et laisser reposer 10 minutes. Aplatir chaque boule. Laisser reposer 20 à 30 minutes au chaud (sur un radiateur ou dans un four au thermostat 1).

o Sur une plaque huilée, faire cuire chaque pain 3 minutes de chaque côté dans le four à 210 °C (th. 7). Les pains doivent rester blancs.

TORTILLAS DE BLÉ

4 PERS. | FACILE | PEU COÛTEUSE

Préparation : 10 min – Repos : 1 h – Cuisson : 5 min

100 G DE FARINE DE BLÉ / 25 G DE BEURRE / UNE PINCÉE DE SUCRE / UNE PINCÉE DE SEL.

o Dans un saladier, mélanger la farine tamisée au sel et au sucre. Couper le beurre en petits morceaux et le mélanger à la farine en malaxant le tout.

o Ajouter de l'eau jusqu'à obtention d'une pâte souple.

o Séparer la pâte en 5 petites boules et les laisser reposer 1 heure.

o Les étaler ensuite à l'aide d'un rouleau à pâtisserie en disque de 15 à 20 cm de diamètre.

o Les faire cuire dans une poêle antiadhésive très chaude en les retournant rapidement.

o Servir encore tiède.

TUILES DE PARMESAN

8 PERS.	DIFFICILE	RAISONNABLE

Préparation : 20 min – Cuisson : 10 min

130 G DE PARMESAN / 1 CUIL. À SOUPE DE FARINE / GRAINES DE CUMIN.

o Râper le parmesan. Dans un saladier, le mélanger à la farine. Sur la lèchefrite, étaler 1 feuille de papier sulfurisé, y disposer des petits disques (en étalant) du mélange de parmesan et de farine et saupoudrer de quelques graines de cumin.

o Faire cuire chaque fournée 2 à 3 minutes dans le four à 210 °C (th. 7), jusqu'à ce que le mélange soit fondu, le retourner et laisser encore 1 minute puis faire refroidir en disposant sur un rouleau à pâtisserie pour leur donner la forme de tuile.

TABLE DES MATIÈRES

Table des Matières

Dépôt légal 4e trim. 2007 - n° 3 354
Imprimé en U.E.